漢魏时期絲綢之路
石刻拓本精粹

主編　王玉芳

副主編　熊雙平　蔡副全

甘肃文化出版社

甘肅・蘭州

圖書在版編目（CIP）數據

漢魏時期絲綢之路石刻拓本精粹 / 王玉芬主編 ； 熊雙平，蔡副全副主編. -- 蘭州 : 甘肅文化出版社，2024.7
ISBN 978-7-5490-2963-1

Ⅰ. ①漢… Ⅱ. ①王… ②熊… ③蔡… Ⅲ. ①石刻－拓本－彙編－中國－魏晉南北朝時代 Ⅳ. ①K877.4

中國國家版本館CIP數據核字(2024)第048098號

漢魏時期絲綢之路石刻拓本精粹
王玉芳 | 主編　熊雙平　蔡副全 | 副主編

責任編輯 | 史春燕
封面設計 | 何昌庭

出版發行 | 甘肅文化出版社
網　　址 | http://www.gswenhua.cn
投稿郵箱 | gswenhuapress@163.com
地　　址 | 蘭州市城關區曹家巷 1 號 730030（郵編）

營銷中心 | 賈　莉　　王　俊
電　　話 | 0931-2131306

印　　刷 | 山東新華印務有限公司
開　　本 | 889 毫米 ×1194 毫米 1/16
字　　數 | 97 千
印　　張 | 19.25
版　　次 | 2024 年 7 月第 1 版
印　　次 | 2024 年 7 月第 1 次
書　　號 | ISBN 978-7-5490-2963-1
定　　價 | 198.00 元

《漢魏絲綢之路石刻拓本精粹》序

《漢魏絲綢之路石刻拓本精粹》的面世，對于關心漢代絲綢之路研究與漢代歷史文化研究的朋友們來説，是一個喜訊。

絲綢之路史研究近年成爲學界熱點，僅新出學術刊物就已見多種。相繼面世的論著琳琅滿目，異彩繽紛。其中當然亦多有從漢代石刻資料中發掘出的學術資料，進行絲路史論説的學術成果。不過，以“漢魏絲綢之路”爲專門的主題，集中發表數量可觀的相關資料，就爲研究者開闊學術視野、洞敞學術視窗、提示學術思路的積極意義而言，無疑是值得肯定的。

《漢魏絲綢之路石刻拓本精粹》載録新疆拜城《劉平國刻石》，是重要的絲綢之路史料。戰國秦人在西北地区的歷史文化影響，使得匈奴、西域人習稱中原人爲“秦人”。西域“秦人”稱謂不僅在西漢時期通行，從《劉平國刻石》文字看，東漢時依然使用。而中原人稱中原人使用“秦人”稱謂，尤其引人注目。這一文化現象可以説明絲綢之路的作用在秦人于西北地区形成影響的時代已經顯現。《漢魏絲綢之路石刻拓本精粹》所見《曹全碑》拓片，也是内涵豐富的絲路史料。《曹全碑》記述曹全家族在漢武帝時期開邊斥境，平定河西之後，或遷居敦煌。可能是初置敦煌郡，“徙民以實之”時。曹家數代人在河西的行迹，可以幫助我們理解絲綢之路重要路段的行政史、經濟史、民族史與交通史。而曹全作爲西域戊部司馬“征討”“疏勒國王和德”事的記録，在一定程度上補充了正史的記載。碑文所見“諸國禮遺，且二百萬，悉以薄官”，可以看作西域民族關係、行政方式與經濟生活的真實反映。

魯迅曾經專心收藏漢拓，他對于“漢代石刻”蘊含的深厚的文化内涵、透露出的雄放的時代精神，予以深心贊賞。魯迅書信中在與對話人討論“中國精神”時發表的這樣的認識（1935 年 2 月 4 日致李樺信），無疑值得我們重視。魯迅又寫道：“惟漢代石刻，氣魄深沉雄大，唐人綫畫，流動如生，倘取入木刻，或可另辟一境界也。”（1935 年 9 月 9 日致李樺信）對于以“漢代石刻”爲典型代表的藝術作品，魯迅感嘆：“遙想漢人多少閎放，新來的動植物，即毫不拘忌，來充裝飾的花紋。”“漢唐雖也有邊患，但魄力究竟雄大，人民具有不至于爲異族奴隸的自信心，或者竟毫未想到，絶不介懷。”（《墳・看鏡有感》）魯迅懷念的漢代的“氣魄”“魄力”“人民具有的自信心”，都是漢代歷史和漢代文化的研究者應當用心理解和説明的。我們注意到在漢代表現出當時人所謂“奮迅”（《史記・樂書》）、“騁馳”（《淮南子・修務》）、“奔揚”（《史記・司馬相如列傳》）、“馳騖”（東方朔《七諫》）的積極進取的英雄主義氣槩，其實也可以稱作《漢魏絲綢之路石刻拓本精粹》想紀念并彰顯的文化主題——“漢風”。

魯迅所特别贊美的“漢代石刻”之“氣魄深沉雄大”，以及通過其他藝術形式透露的“魄力究竟雄大”，是中華民族文化上升時期的表現。而當時基于“自信”的“開放”風格，也是魯迅不惜以熱烈的文辭予以表譽的。收漢拓，藏漢拓，讀漢拓，藉以理解漢代社會的文化“精神”。以這樣的態度看漢代文物遺存，顯現出魯迅作爲一位文化偉人非同尋常的歷史視角和文化造詣。他認爲通過“漢代石刻”可以察識秦漢社會的文化風貌，如“看漢代石刻中之《武梁祠畫像》”，有助于認識“秦代的典章文物”“生活狀況”，理解“漢時習俗”。魯迅還曾建議版畫家李樺參考“漢代石刻”的風格，以推進審美品味的提升、創新精神的增進和藝術表現能力的進步。他説：“倘參酌漢代的石刻畫像，明清的書籍插畫，并且留心民間所玩賞的所謂‘年畫’，和歐洲的新法融合起來，許能够創出一種更好的版畫。”（1935年2月4日致李樺信）我們今天重温并體味魯迅當時對于年輕人這番“參酌漢代”“留心民間”“創出”“更好”的囑托，也可以獲得學術啓示。現今的學術研究，“倘參酌漢代的石刻畫像”，認真繼承其中的精華，同時“留心”其他文化形式，甚至包括“民間所玩賞”的作品，再“融合”現代“新法”，同樣“能够創出一種更好的”文化精品。對于推動文化的發展和進步，“參酌”“漢代石刻”的建議也是有指導性意義的。

《“熹平石經”殘石》記録的儒學作爲社會意識形態正統的普及性影響，體現了漢代文化史的主流傾向。《“漢故山陽金鄉周掾祠堂”石刻》“左陽遂”“右富貴”文字所表現的包括“富貴”追求與方位觀的民間文化意識也有值得重視的内涵。《萊子侯刻石》文末有“後子孫毋敗壞”字樣。陳直《漢薌他君石祠堂題字通考》指出，題字“唯觀者諸君，願勿敗傷，壽得萬年，家富昌”内容所見“敗傷”“與萊子侯刻石‘後子孫毋敗壞’句意相似。”（陳直：《文史考古叢論》，天津古籍出版社，1988年，第412頁、第415頁）徐州漢畫像石藝術館2001年徵集的“永寧元年”石柱，題記文字有“觀者觀之勿賊傷”語。該館2005年徵集的一件漢畫像石，題記有“毋毀傷”字樣（武利華：《徐州漢碑刻石通論》，文化藝術出版社，2019年，第119頁至第120頁，第129頁至第131頁），情形應當也是類同的。“敗壞”“敗傷”“毀傷”“賊傷”，都表示對冢墓的破壞。這些文字，可以與戰國秦漢盜墓及其他陵墓破壞現象聯繫起來理解。永初七年《張汜請雨銘》發現後，學界曾有討論，有學者發表了辨僞意見。現在看來，文字内容符合當時社會的制度禮俗。作爲涉及當時社會生態意識、自然觀和環境理念的文化遺存，有值得珍重的意義。所謂《鞏義石窟漢刻七言詩》如果年代可靠，當然對于文學史研究“七言詩”起源的探究有意義。“邪相劉”石柱刻字由于與“琅邪”的關係，也曲折透露出漢代海洋文化的資訊（參看王子今：《東海的“琅邪”和南海的“琅邪”》，《文史哲》2012年1期）。

熊雙平收集漢代石刻拓本眼光獨到，熱情持久，用力甚勤。如漢長安城廚城門渭橋石刻“官石”就是新近獲得，未曾發表的非常珍貴的資料。刻石文字可以説明渭橋國家工程的性質。但是由此也可以推知，當時築橋工程也有“私”力提供石材的可能。這是寶貴的工程史資料，當然因爲長安渭橋在當時交通體系中位置之重要，“官石”文字也與絲綢之路交通有關。看到這紙拓片，不禁想到魯迅精心收集“漢代石刻”，有關漢橋遺存的一則珍聞。魯迅1936年10月19日去世。而他在當年8月18日致朋友的書信中，依然表達了對一處新發現“橋基石刻”文字拓片的真誠渴望：“……橋基石刻，亦切望于水消之後拓出，遲固無妨也。”在這封致王正朔的書信中，有學者以爲可以看作他有關“南陽漢畫像石，乃至整個漢畫像石刻藝術”的“遺囑”（王建中：《漢代畫像石通論》，紫禁城出版社，2001年，第31頁）。以熊雙平藏渭橋“官石”石刻相比照，可以體會其意義的重要。

居延堂熊雙平收藏的這些石刻拓片精品，不僅是絲綢之路寶貴的史料、漢代文化史料，也可以作爲文字史、書法史研究的珍品。其中資訊，有些還涉及儒學學術史、地方行政史、土地制度史、民族關係史、社會結構史和民間生活史。

《漢魏絲綢之路石刻拓本精粹》共收録漢魏善拓120品，由西北師範大學美術學院王玉芳、蔡副全及收藏者熊雙平共同整理。收藏者和整理者對這些文化遺存的傾心愛重和深刻理解，是讓我内心非常欽佩的。

我是做秦漢史研究的，但是《漢魏絲綢之路石刻拓本精粹》公佈的學術資料，我只有少數在研究中曾經有所利用，大多數資料是生疏的。捧讀書稿，自然心生珍愛，也願意今後認真研讀，希望有所發現。石刻資料在書寫鐫刻的當時，是可以產生紀念意義和宣傳效用的。但是千百年之後，往往埋没于蒿萊之中，或殘破，或泐失。賴有珍視古代文化遺存的朋友付出時間、精力和資財，善自收存，百般寶愛，不能不令我們感動。《燕然山銘》是新得資料，當然特别值得珍視。而《漢魏絲綢之路石刻拓本精粹》所見《石門頌》《西狹頌》《郙閣頌》，以及《右扶風丞李君通閣道摩崖》等，都是研究漢代交通史的著名文獻，《裴岑紀功碑》及我們上文説到的《劉平國刻石》，對于研究絲綢之路史意義非常重要，人們自然熟知其内容，亦屢見其圖貌，但是在“居延堂藏拓”中再次品讀這些珍品，還是會有特殊的感受的。專門的石刻文獻學者會就拓片版次比較有所研究、有所發現。如我們這樣的更廣大層面的，讀者可能直接利用其内容認識“絲路與漢風”。無論怎樣，《漢魏絲綢之路石刻拓本精粹》的推出，都是值得贊許的大功德事。

謹此祝賀《漢魏絲綢之路石刻拓本精粹》出版，同時恭頌西北師範大學120周年校慶，與金石同壽！

王子今

2022年8月28日

北京大有北里

目　录

◆ 西漢

2 群臣上醻刻石
4 廣陵中殿石題字
6 霍去病墓“左司空”刻石
8 紅岩西漢題刻
10 五鳳刻石
12 曲阜九龍山魯王陵塞石題刻

◆ 新莽

16 祝其卿墳壇刻石
18 上谷府卿墳壇刻石
20 連雲港界域刻石・羊窩頭刻石
22 萊子侯刻石
24 石墻村刻石

◆ 東漢

28 漢御史李公之闕
30 東海戚國三老祠堂記
32 鄐君開通褒斜道摩崖
34 劉卒吏刻石
36 漢將題刻
38 燕然山銘
40 張君遂刻石
42 張汜祈雨銘
44 袁敞碑
46 祀三公山碑
50 黄腸石題記・索旦石
52 黄腸石題記・左開石
54 黄腸石題記・郝叔石
56 陽嘉殘石
62 裴岑紀功碑
64 沙南侯獲碑
66 王伯慮食堂記・二
68 漢安元年會仙題刻
70 冀州從事馮君碑
74 景君碑（碑陽）
78 莒州宋伯望買田刻石
80 石門頌
84 劉福功德頌
88 繆宇墓記
90 乙瑛碑
94 李孟初碑
96 右扶風丞李君通閣道記
98 繆紆墓記
100 禮器碑
102 孔廟殘碑
106 孟孝琚碑
108 劉平國刻石
110 池陽令張君碑
114 故行事渡君之碑
116 倉頡廟碑
118 封龍山頌
122 孔宙碑
124 武荣碑
126 衡方碑
128 張壽碑
132 史晨前碑
132 史晨後碑
134 肥致碑
138 西狹頌
140 五瑞圖畫像
142 孔彪碑
146 郙閣頌
148 熹平元年殘碑

150 熹平二年殘碑
152 楊淮表記
154 景雲碑
156 魯峻碑
160 伯興妻殘碑
162 耿勛表
164 韓仁銘
166 熹平石經序殘石
168 熹平石經·易經殘石一（正面）
170 熹平石經·易經殘石一（背面）
172 熹平石經·易經殘石二
174 熹平石經·論語殘石一
176 熹平石經·論語殘石二
180 熹平石經·論語殘石三
184 熹平石經·春秋殘石
190 武都太守殘碑
192 校官碑
194 周掾祠堂記
196 白石神君碑
198 孔褒碑
200 曹全碑
206 鄭季宣碑
210 張遷碑
214 甘陵相尚府君之碑
216 吹角壩摩崖題記
218 樊敏碑
220 趙儀碑（碑陰）
222 高頤闕銘（東闕銘）
224 漢大陽檀道界刻石
226 “朱君長”刻石
228 劉熊碑（碑陰）
230 安陽殘石·元孫殘碑
232 安陽殘石·劉君殘碑
234 安陽殘石·正直殘碑
236 賢良方正殘碑
238 朝侯小子殘碑
240 唐公房碑
242 鞏義詩説七言詩
244 小子殘碑
246 義稱殘碑
248 趙菿碑
250 嵩嶽殘碑
252 劉曜碑
254 渭橋“官石”題刻
256 郭有道碑
258 南行唐地界碑
260 魯相謁孔子廟碑
262 壽萬年吉語磚
264 琅邪相劉君石柱刻字
266 故吏王叔等題名殘碑
268 銅山蔡丘畫像石題記
270 孫仲妻石棺題記
272 節義殘碑
274 蜀故侍中楊公之闕
276 皇女殘碑

◆ 魏

280 膠東令王君廟門殘碑
282 廬江太守范式碑
284 正始三體石經·春秋篇殘石（右半）
286 正始三體石經·春秋篇殘石（左半）
288 正始三體石經殘石（之一）
290 正始三體石經殘石（之二）
292 正始三體石經·春秋篇殘石（之三）

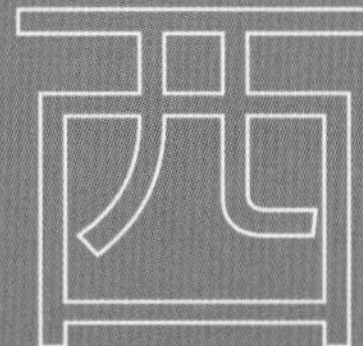

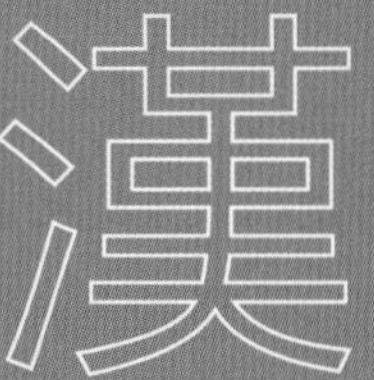

XI HAN

群臣上醻刻石

西漢後元六年（前158）

清末拓　30cm×139cm

《群臣上醻刻石》，又名《婁山刻石》，位于河北省永年縣婁山。清道光年間，直隸永平知府楊兆璜發現。銘文1行15字：“趙廿二年八月丙寅群臣上醻此石北。”康有爲評其“體皆方扁，筆益茂密”。劉位坦考爲西漢文帝后元六年（前158）趙王劉遂群臣爲其獻壽時所刻。居延堂所藏爲淡墨本，“羣”字“羊”部横畫微連，“石”字上横左半未泐，字迹清朗，古韻盎然，約爲清末拓。

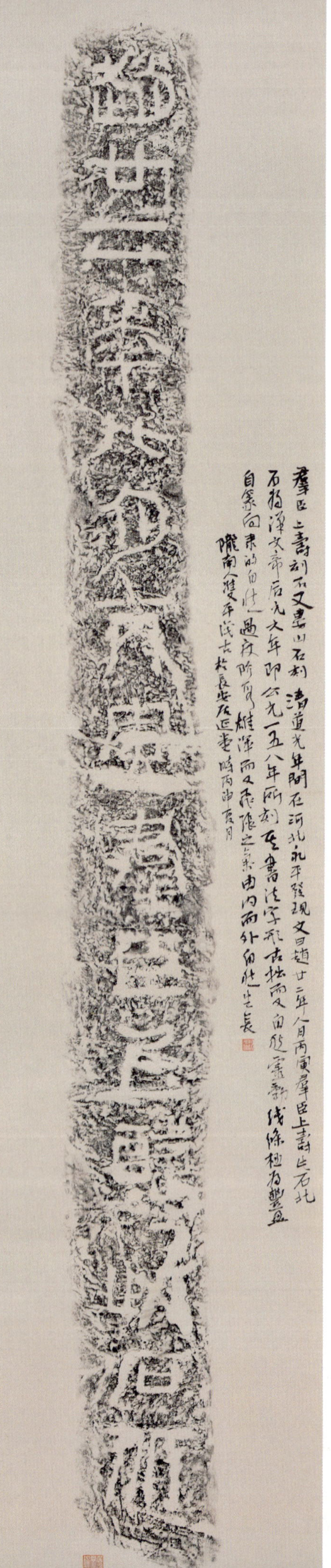

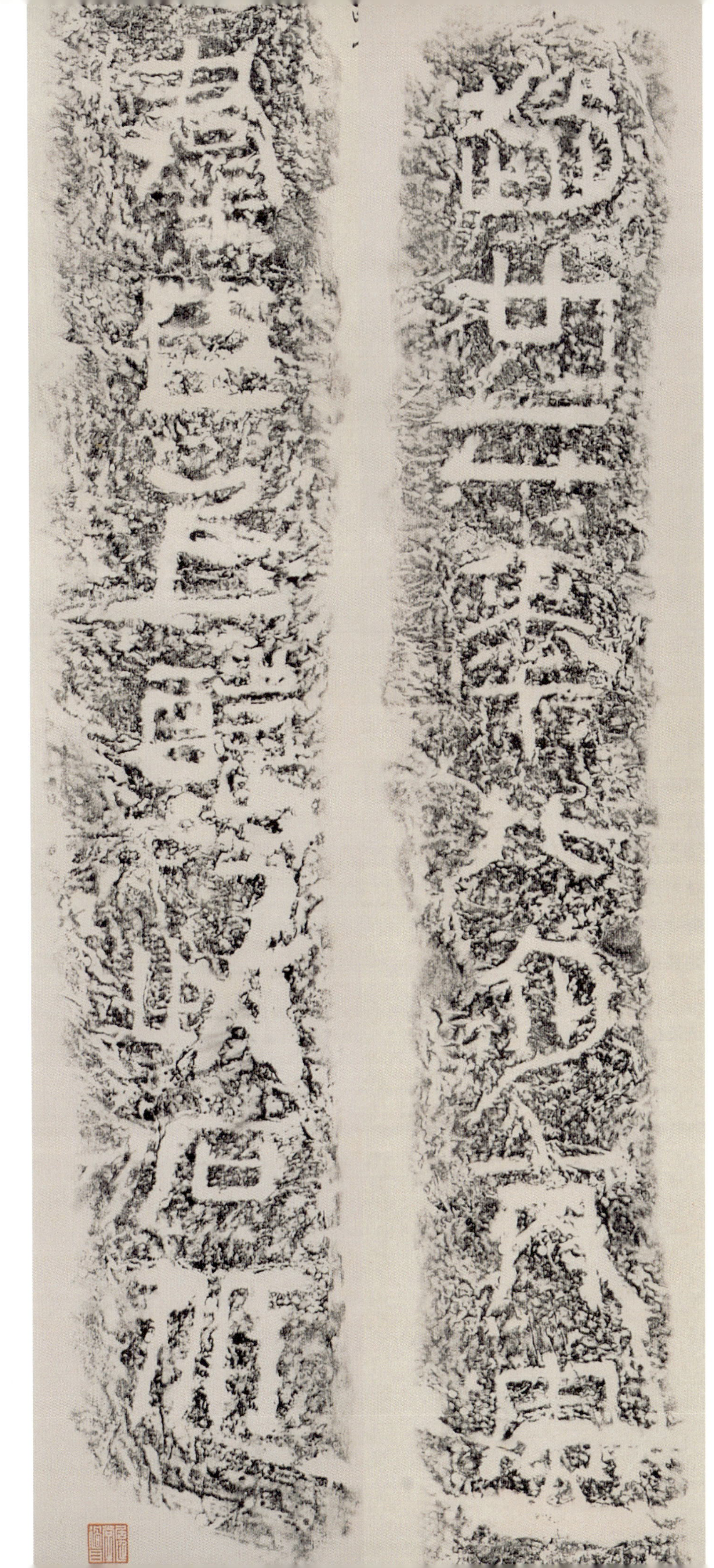

廣陵中殿石題字

西漢廣陵厲王胥時期（前178—前54）

民国拓　20cm×147cm

《廣陵中殿石題字》，又名《甘泉山寺石刻》，清阮元于嘉慶十一年（1806）得自江蘇江都甘泉山惠照寺，并題刻《甘泉山獲石記》。共三石，第一石“中殿第廿八”，第二石“第百卌”，第三石“□□第百八石”。字體在篆隸之間。居延堂藏拓，筆畫較粗，輪廓清晰，尤其第三石，趙之謙所釋“元鳳”二字，已作臆鑿。此當爲民國初刻洗後拓本。

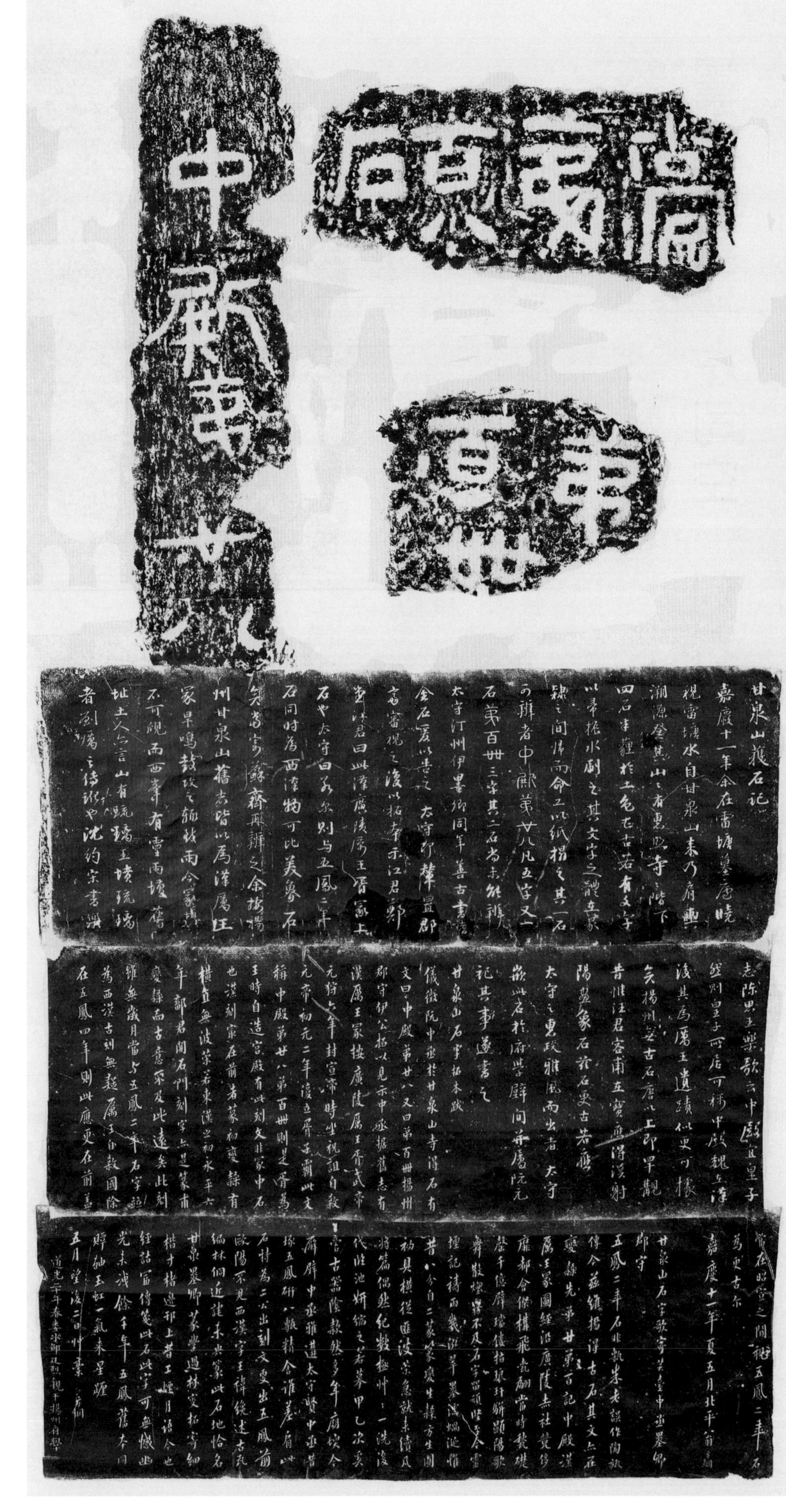

霍去病墓『左司空』刻石

西漢元狩六年（前117）

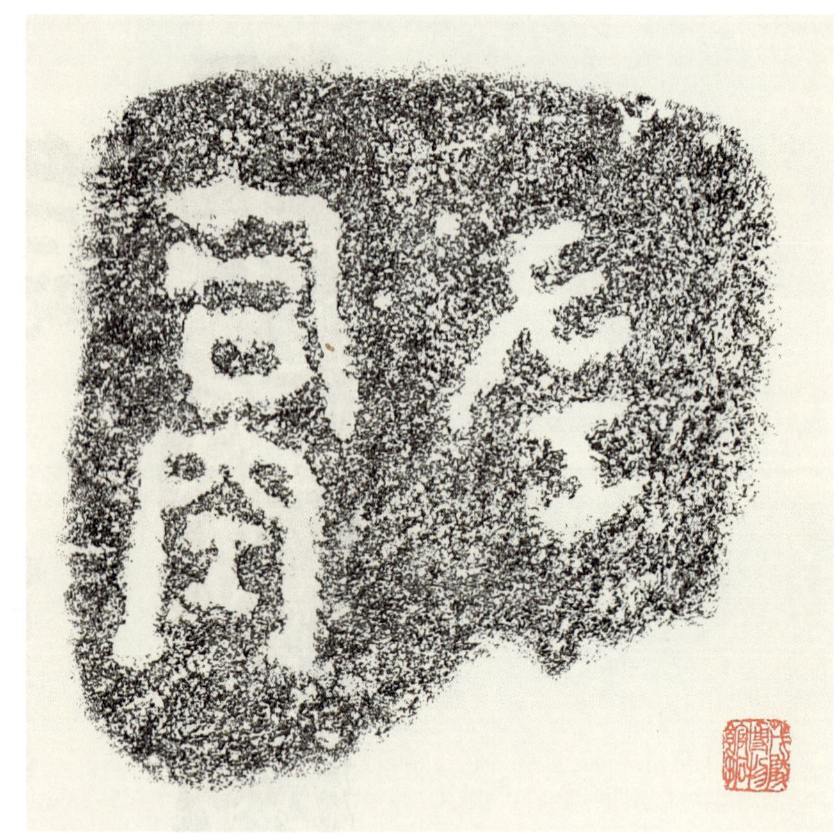

今拓

“左司空”刻石位于陝西茂陵霍去病墓石獸上，共發現3處，此爲其中2處。陳直考證認爲“表示此石的雕刻出于左司空官署工人之手”。霍去病于西漢元狩六年（前117）卒，則石刻于此時。

紅岩西漢題刻

西漢始元三年至建武元年（前84—25）

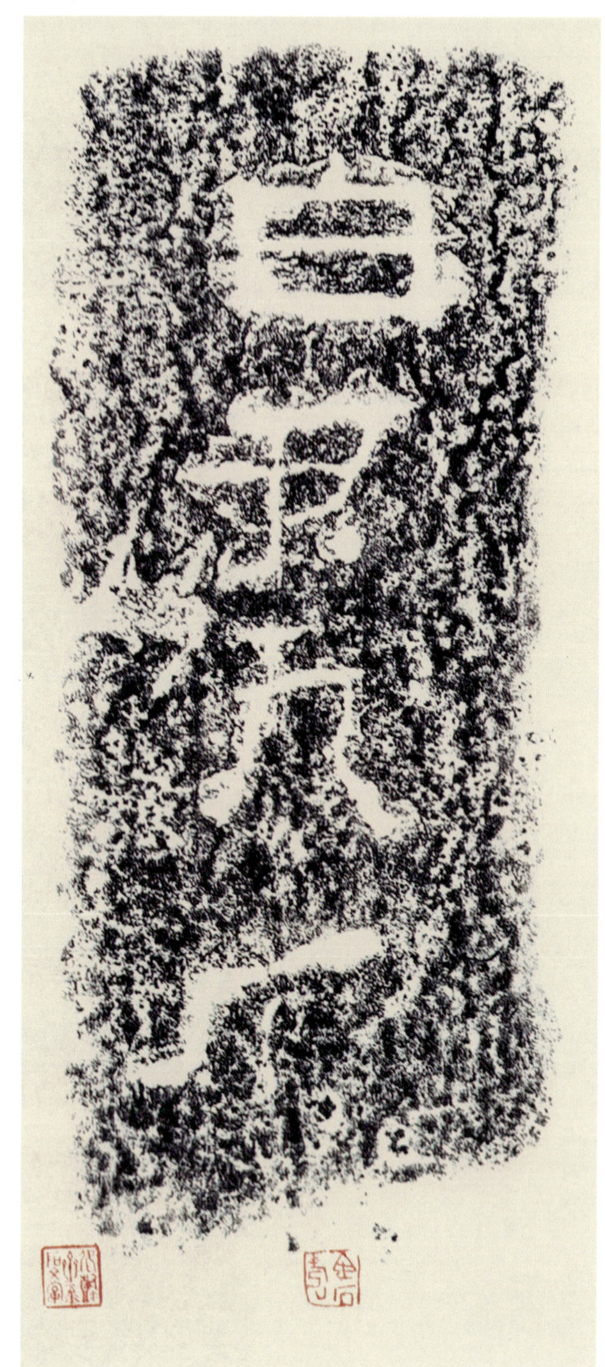

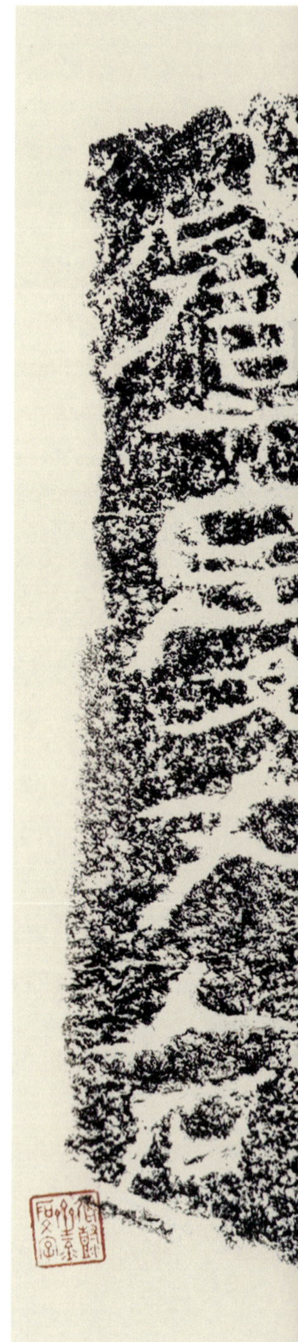

張馳藏拓

題刻位于陝西銅川市耀州區小丘鎮紅岩村西清峪河谷東側石崖上。銘文：“今雲陵業”（2處），“鄧晏丈八石”“白尹九斤”。雲陵爲漢昭帝之母鈎弋夫人陵寢，附近設有雲陵邑。

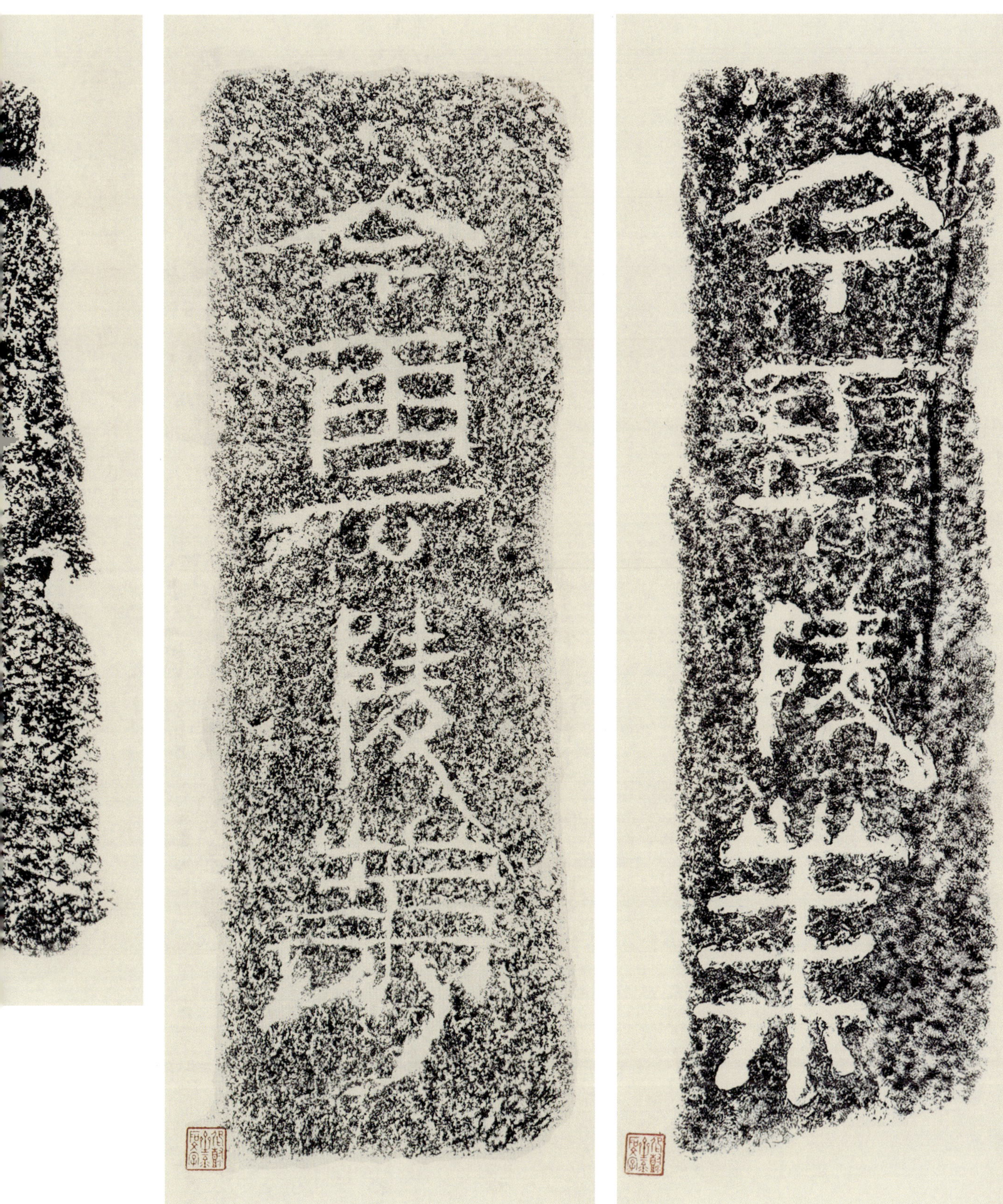

五鳳刻石

西漢五鳳二年（前56）

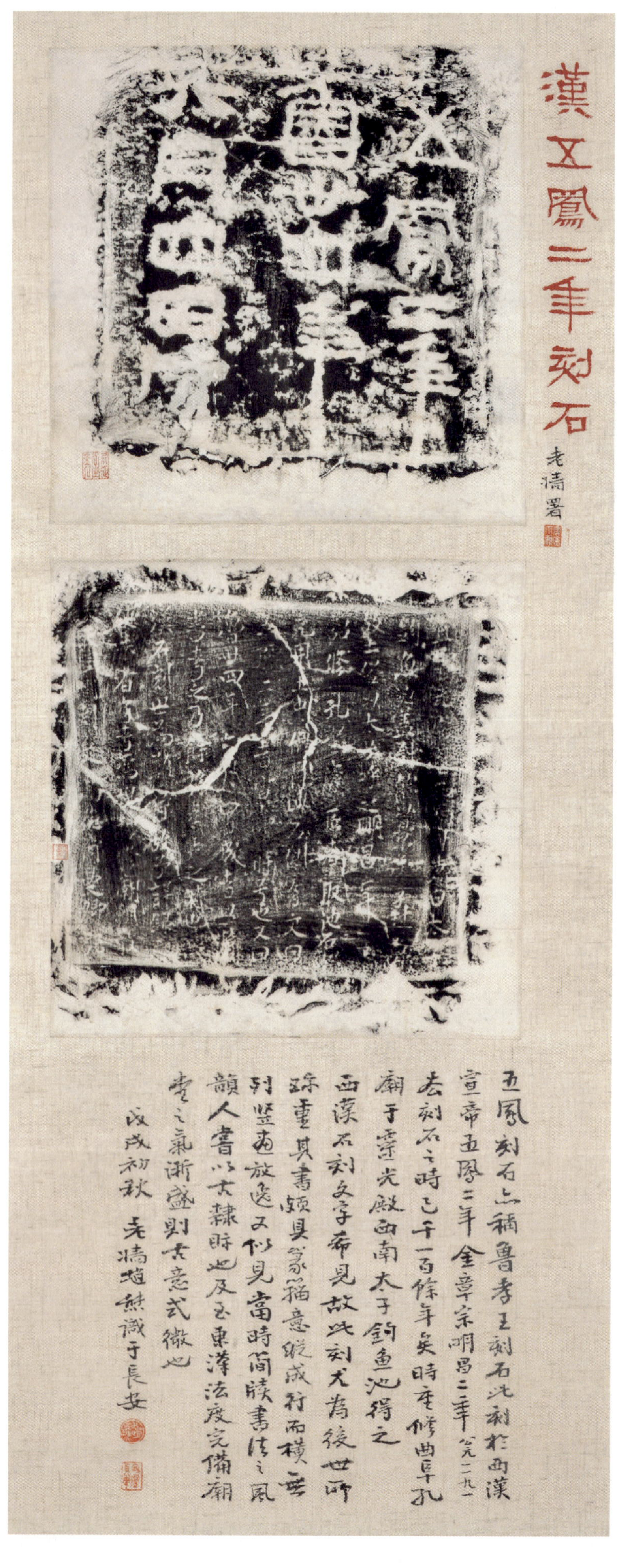

清晚期拓　45cm × 95cm

《五鳳刻石》，西漢宣帝五鳳二年（前56）刻石，今藏于山東曲阜孔廟漢魏碑刻陳列館。銘文13字:“五鳳二年魯卅四年六月四日成。”刻石最早由金代開州刺史高德曼卿于金章宗明昌二年（1191）詔修孔廟時發現并題記于左。畢沅、阮元《山左金石志》説：“山左西漢石刻，此爲最古，筆意簡樸，非漢安以後所能及也。”居延堂藏本系擦拓而成，墨色厚重，字口較清晰。

曲阜九龍山魯王陵塞石題刻

西漢五鳳五年（前53）

今拓

題刻于1970年山東曲阜九龍山魯王陵三號墓出土。刻字有："王陵塞石廣四尺""一尺九寸""胡安國""黨""丁四""得于文""二尺二寸，以作尺八寸"等。墓中有"王慶忌""王未央"二印出土，知此墓主爲魯孝王劉慶忌，其卒于西漢宣帝五鳳五年（前53）。

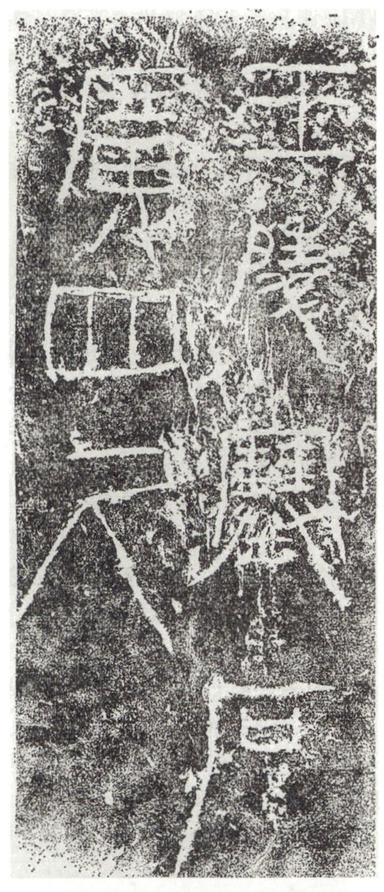
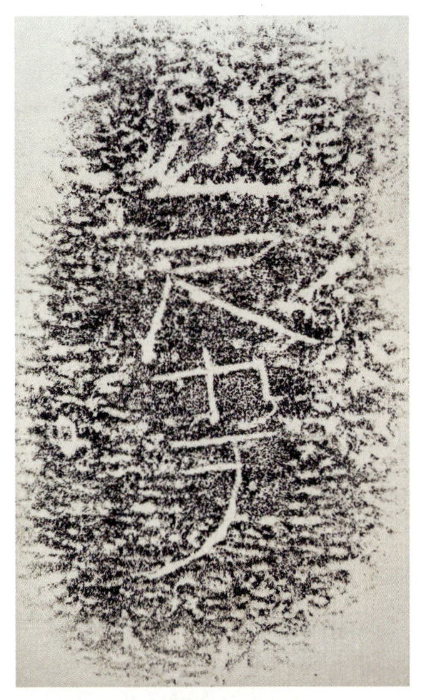

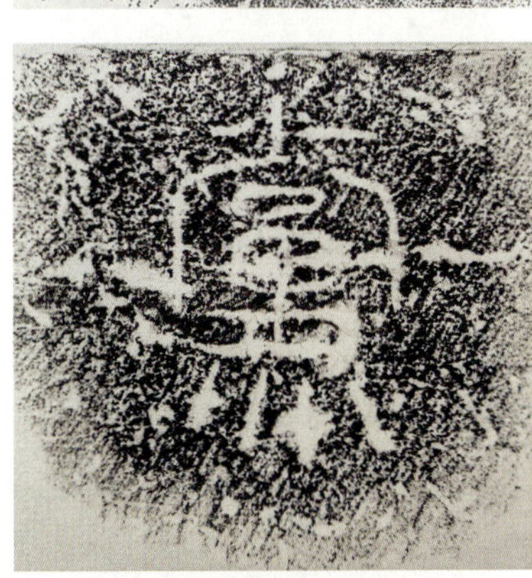

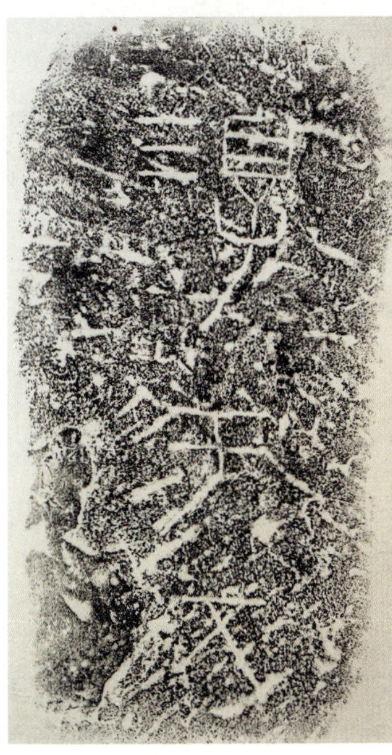
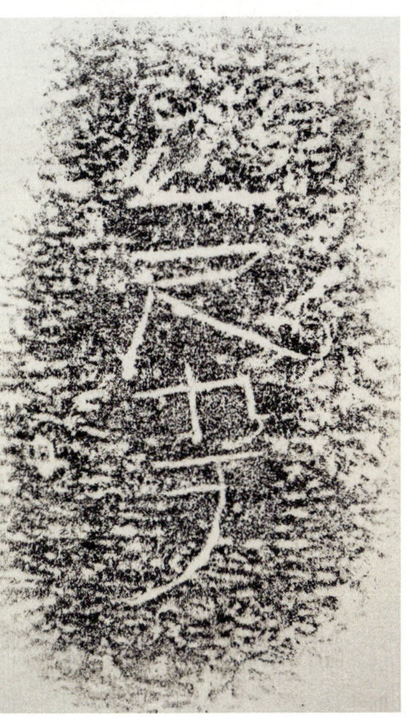
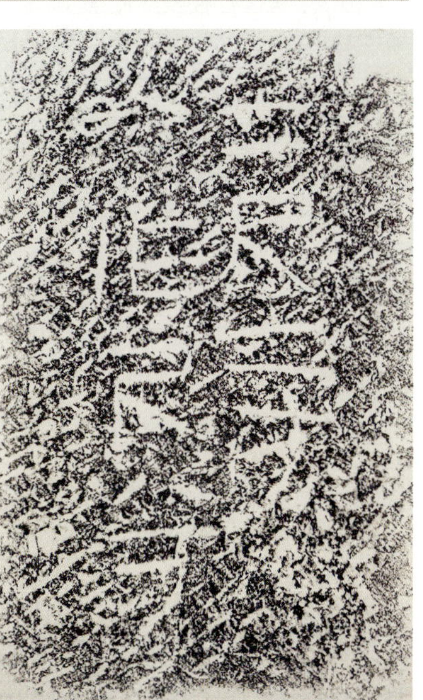

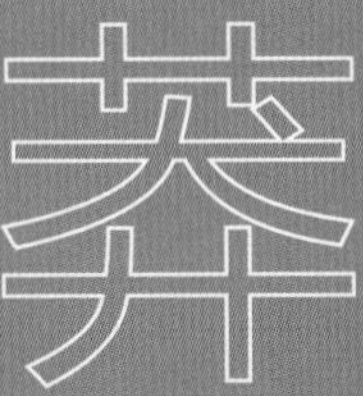

XIN MANG

祝其卿墳壇刻石

新莽居攝二年（7）

清拓　99cm × 35cm

刻石原在山東曲阜孔廟，今存曲阜漢魏碑刻陳列館。石刻篆書 12 字："祝其卿墳壇，居攝二年二月造。"趙明誠《金石録》最早著録。從拓本看，方朔辨得首二字爲"况基"而非"祝其"，似可從。

漢祝其卿坟壇刻石

辛丑仲秋 立榮

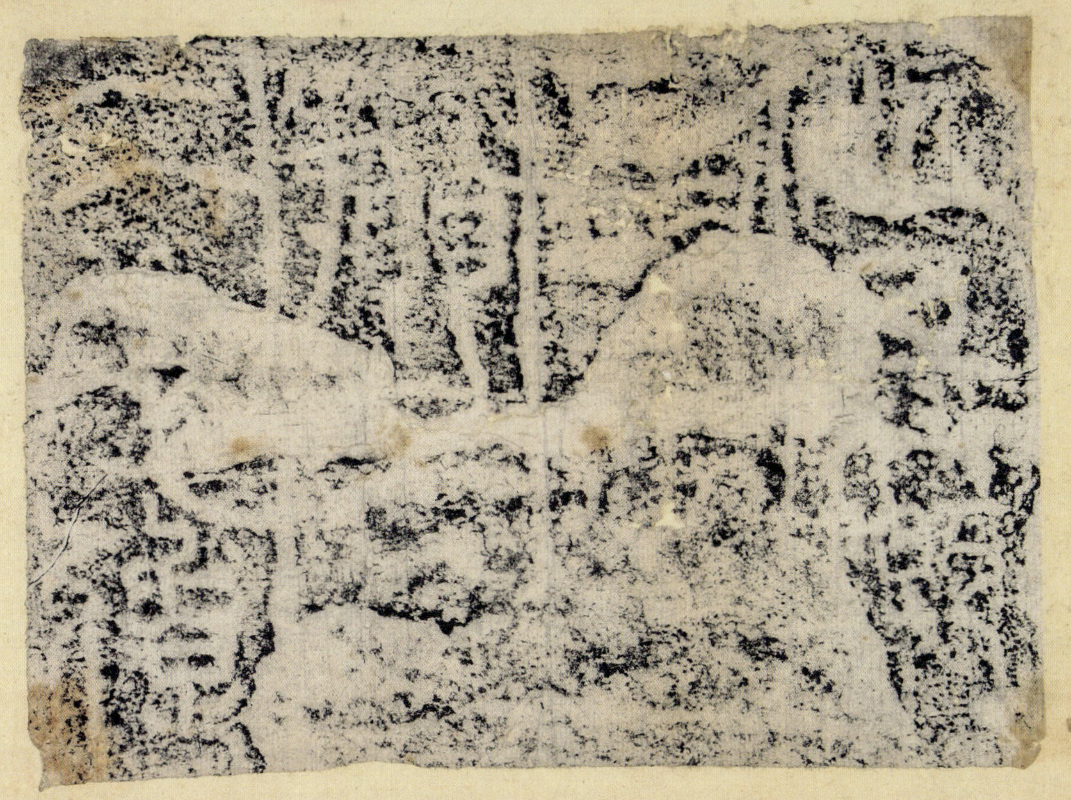

祝其卿坟壇刻石亦稱漢居攝坟壇刻石孔子墓前石壇刻文子思墓前石龜文前漢王莽居攝二年二月刻寬九十九釐米高廿五釐米厚五十釐米其文曰祝其卿坟壇居攝二年二月造石極損泐文則漫漶原在孔子墓前清雍正十年移於孔廟

旹辛丑秋 立榮

上谷府卿墳壇刻石

新莽居攝二年（7）

清拓　69cm × 38cm

刻石原在山東曲阜孔廟，今存曲阜漢魏碑刻陳列館。石刻篆書13字：“上谷府卿墳壇，居攝二年二月造。”刻石記載漢上谷郡丞等造壇祭祀孔子之事。居延堂藏本醇古清潤，字口分明。此與北京圖書館藏本大緻相仿。

上谷府卿坟壇刻石

辛丑仲秋 立荣

上谷府卿坟壇刻石亦稱漢居攝坟壇刻石孔子墓前石壇刻石原在孔子墓前清雍正十年移置孔廟石灰質巖寬六十九釐米高卅一釐米厚卅八釐米字刻於四下之平面上篆書文曰上谷府卿坟壇居攝二年二月造

歲在辛丑 立荣

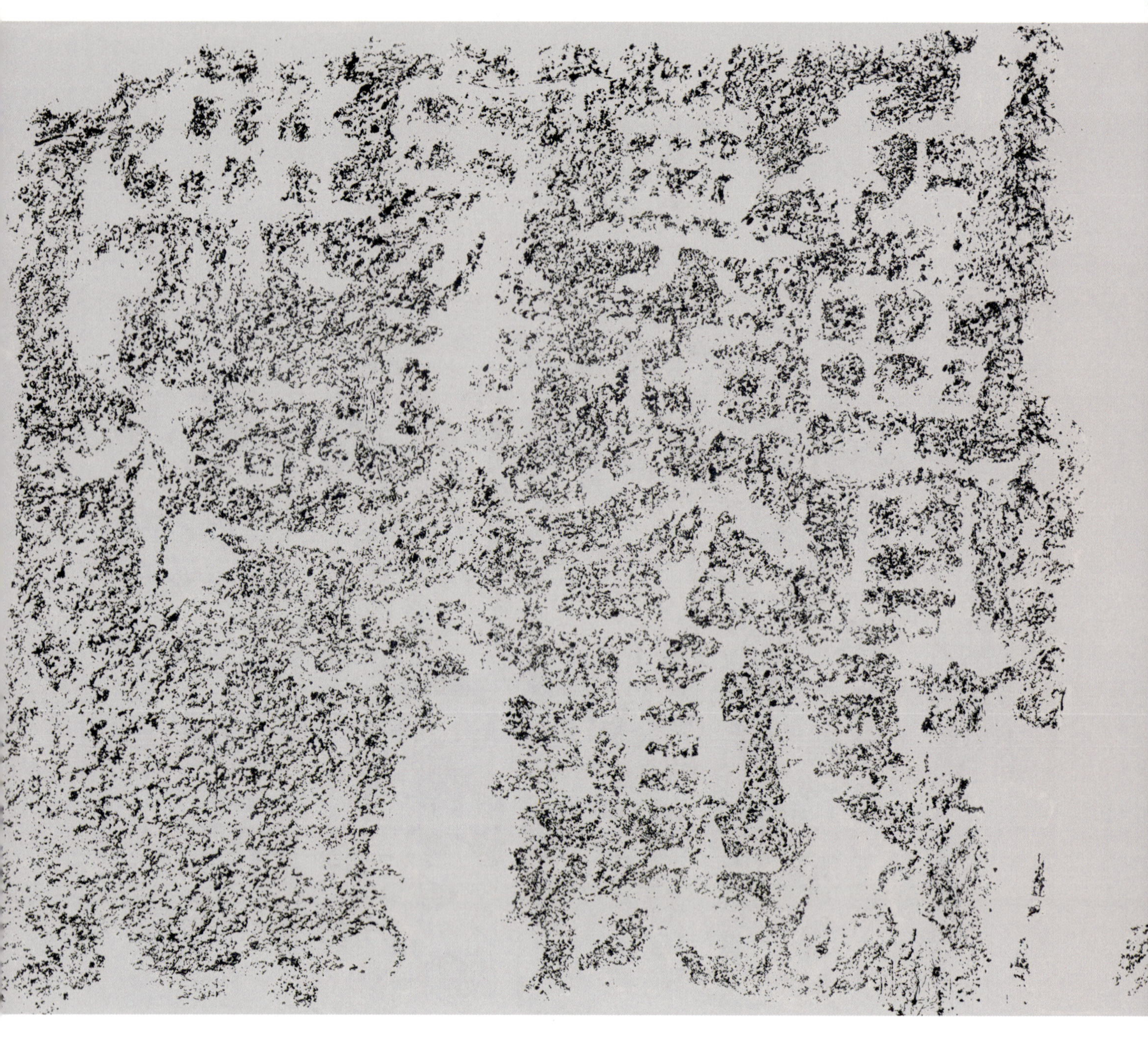

新莽始建國四年（12）

連雲港界域刻石·羊窩頭刻石

今拓　106cm×170cm

《連雲港界域刻石》，于1987年、1988年在江蘇省連雲港市連島鎮東連島村發現，分别爲《蘇馬灣刻石》《羊窩頭刻石》。新莽始建國四年(12)刻。内容與東海郡朐縣和琅琊郡櫃縣界域有關。此爲《羊窩頭刻石》，位于連島東端，摩崖斷爲左右兩段，共存文8行，約40字。

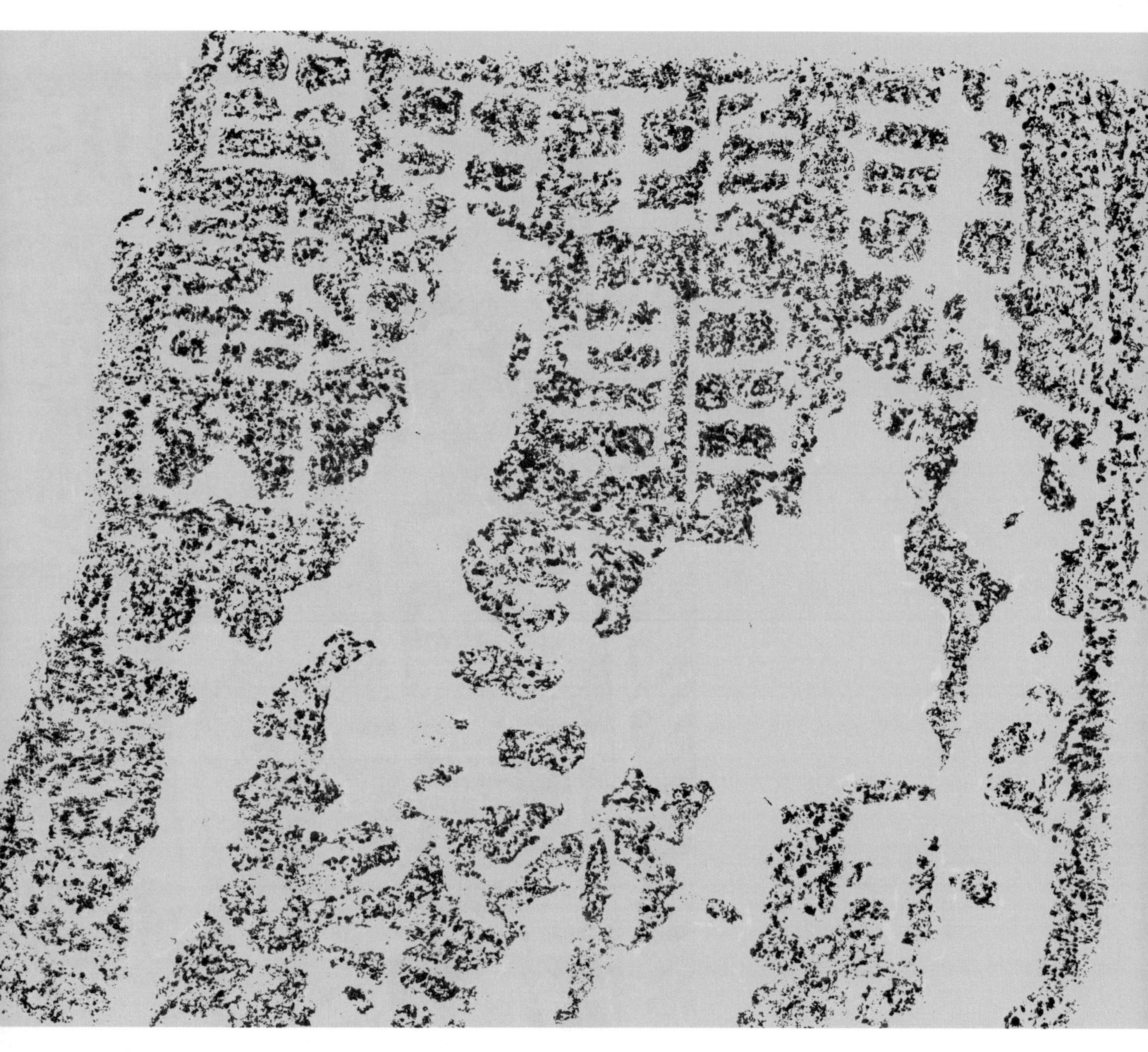

萊子侯刻石

新莽始建國天鳳三年（16）

清末民初拓　61cm × 47cm

《萊子侯刻石》，又稱《萊子侯封冢記》《天鳳刻石》等。新莽始建國天鳳三年（16）刊，今藏山東鄒城博物館。銘文："始建國天鳳三年二月十三日，萊子侯爲支人爲封，使偖子良等用百餘人，後子孫毋壞敗。"楊守敬《評碑記》稱："是刻蒼勁簡質，漢隸之存者爲最古，亦爲最高。"此刻結字渾古，布勢開張，姿肆中不失古雅之法。

约西漢

石墙村刻石

清拓　64cm × 31cm

《石牆村刻石》，清道光年間在山東鄒縣石墻村發現，後移入孟廟，現存孟府石刻展室。存古隸 11 行，有竪界格，上半殘泐。石左側有清道光十四年（1834）孔繼堉題記。

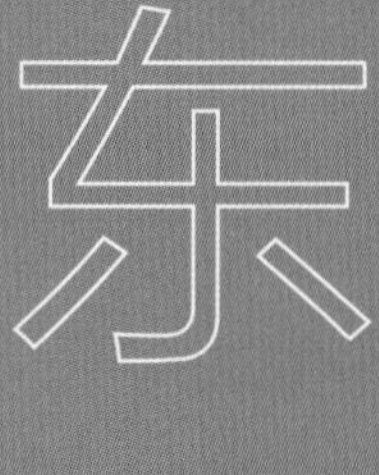

DONG HAN

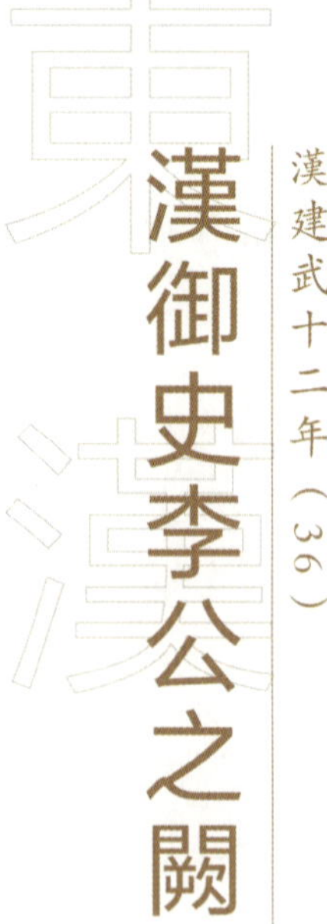

漢御史李公之闕

漢建武十二年（36）

清末民初拓　37cm×115cm

《漢御史李公之闕》，位于四川省梓潼縣長卿鎮南橋村，屬單闕，現僅存一段闕身，闕身正中陰刻八分隸書："漢侍御史李公之闕。""李公"即李業，字巨游，漢平帝元始年間，被益州刺史舉薦爲郎官。王莽篡位，李業託病隱居故里。高文認爲石闕建于東漢建武十二年（36）。

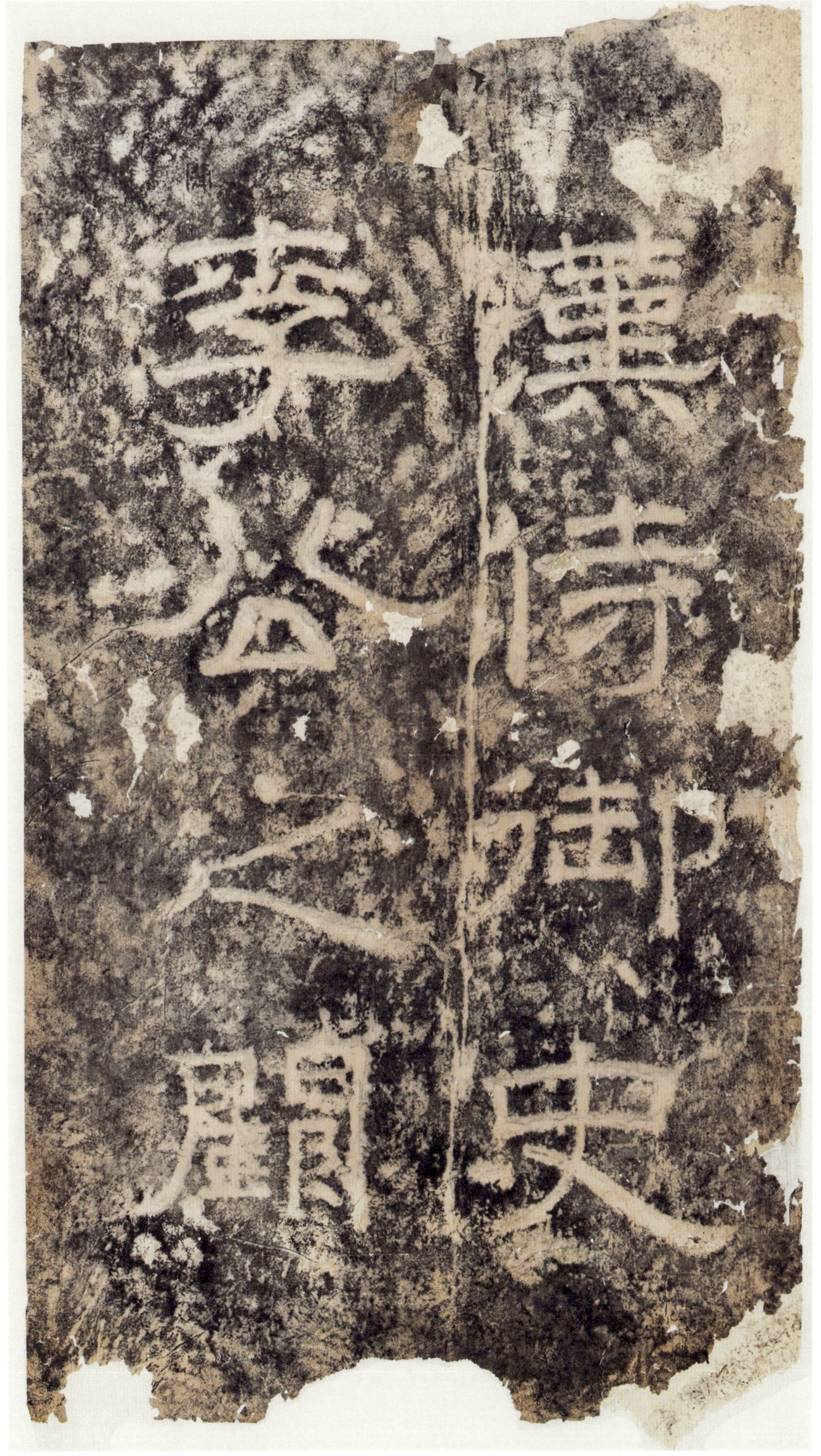

漢侍御史
李公之闕

東海戚國三老祠堂記

漢永平六年（63）

今拓

《東海戚國三老祠堂記》，山東新發現摩崖。隸書 2 行 20 字：“東海俄國三老虫是祠堂。以永平六年三月十一日。”此刻書法樸厚靈動，古意盎然，杂有篆意。

漢永平九年（66）

鄐君開通褒斜道摩崖

清末民初拓　256cm×122cm

《鄐君開通褒斜道摩崖》，又稱《大開通》。東漢永平九年（66）刻，原在陝西漢中褒城石門洞南右側，因修建水庫，搬遷至漢中漢臺博物館。隸書16行，行5～11字不等。此系“石門十三品”中最早者。楊守敬稱之“天然古秀”，謂爲神品；方朔說：“玩其體勢，意在以篆爲隸，亦由篆變隸之日，渾樸蒼勁。”

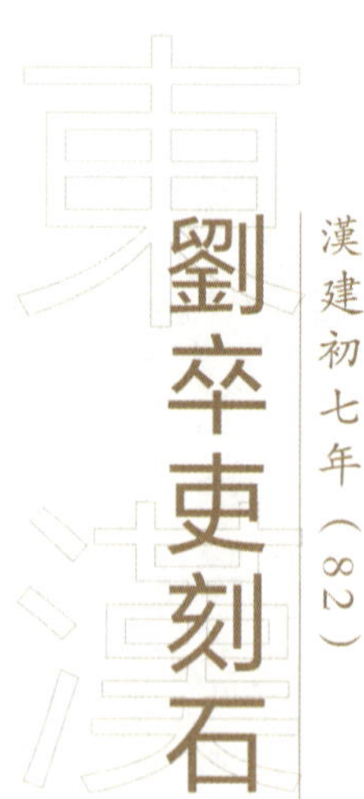

劉卒吏刻石

漢建初七年（82）

今拓　80cm×220cm

《劉卒吏刻石》，新發現摩崖，位于江蘇省連雲港市花果山。隸書6行，16字，字徑14～35厘米不等。銘文：“不其，衣吴，平興里劉卒吏息地。建初七年。”年款居左，相距1米左右。

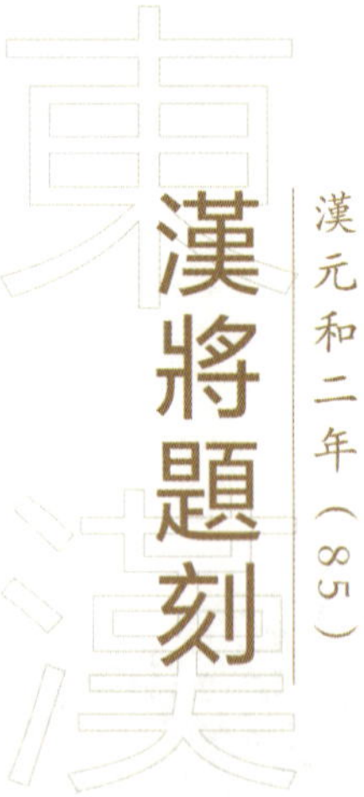

漢將題刻

漢元和二年（85）

今拓　27cm×100cm

《漢將題刻》，新發現摩崖，位于甘肅成縣西狹，東距《西狹頌》摩崖約1公里的南側崖壁上。東漢元和二年（85）鐫刻。隸書2行，字徑7～15厘米不等。銘文："元和二年，漢將武都太守（濟）陰萬……"其字法簡古嚴正，筆畫細勁，質樸味醇，字隨石勢，散逸自然。

元和二年漢將武都太守

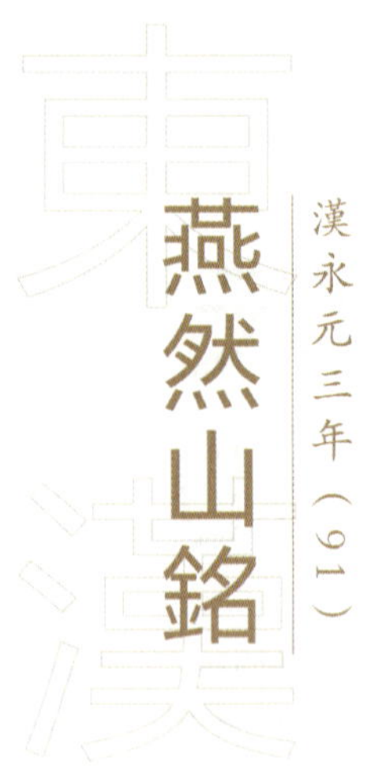

燕然山銘

漢永元三年（91）

今拓　130cm × 94cm

《燕然山銘》，新發現摩崖，位于蒙古國境内杭愛山。隸書 20 行，滿行 15 字，總計約 288 字，約刊于東漢永元三年（91）。此即班固撰《燕然山銘》原刻。摩崖原刻多從本字，與班固《漢書》、許慎《説文》及漢代碑刻用字略同，而《文選》《後漢書》皆成書于南朝，録文臆改者頗多。摩崖爲古隸，結字方整，波挑不興，綫條質樸，氣度不凡，使人起敬不暇。《燕然山銘》是極其重要的絲綢之路文化遺存。

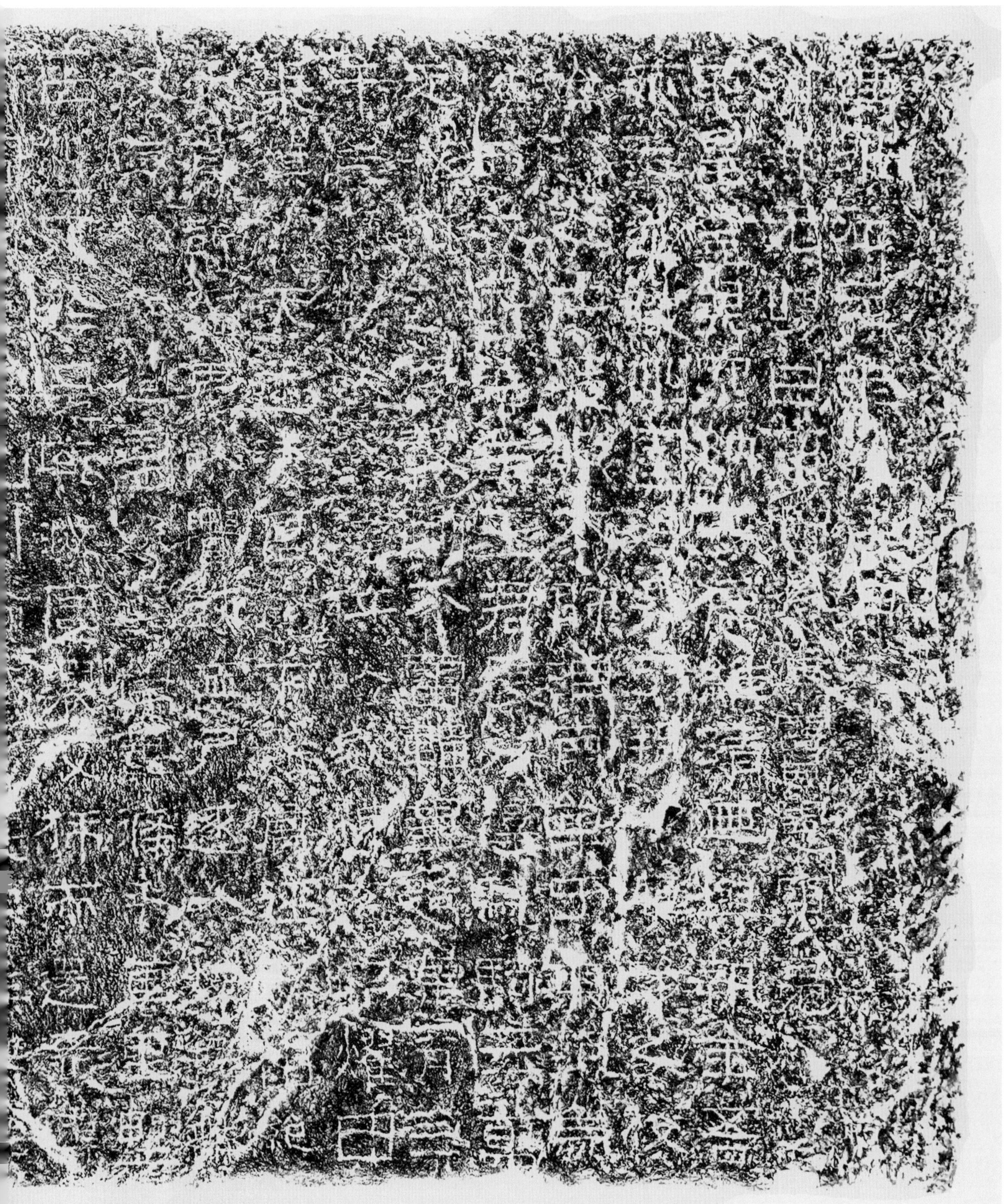

張君遂刻石

漢永元五年（93）

今拓　25cm×110cm

四川出土石棺棺蓋銘文，漢永元五年（93）刻。隸書1行16字：“汝南細陽張君遂，永元五年卒，秩六百石。”

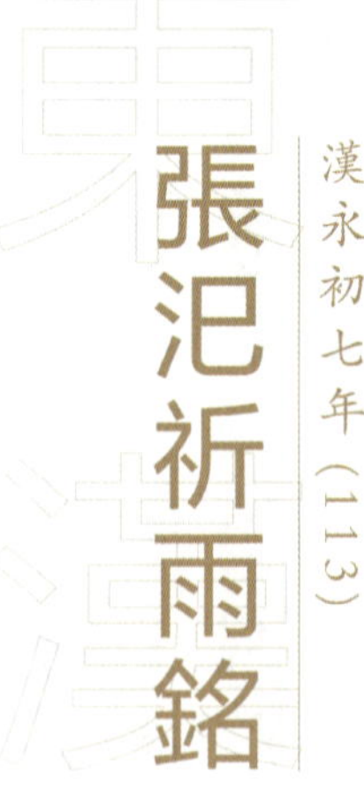

張汜祈雨銘

漢永初七年（113）

今拓　70cm×72cm

《張汜祈雨銘》，全稱《吴房長張汜請雨銘》，或稱《張汜雨雪辭》，東漢永初七年(113)摩崖刻石，2011年發現于河南駐馬店。摩崖有外框粗线，四角刻卷葉紋，銘文隸書16行，滿行13字，共195字。

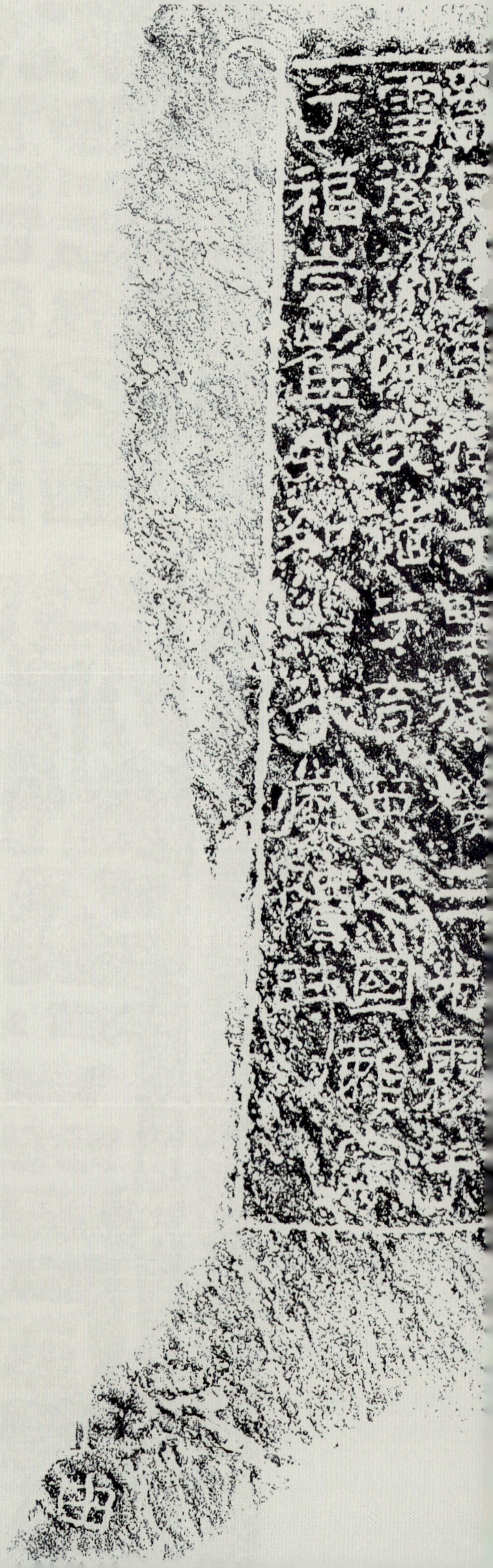

袁敞碑

漢元初四年（117）

今拓　72cm × 79cm

《袁敞碑》，全稱《司空袁敞碑》。東漢元初四年 (117) 立。小篆 10 行，行 5 ~ 9 字不等。1923 年春，出土于河南偃師，1925 年石歸羅振玉，現藏遼寧省博物館。袁敞是袁安之子，此碑字迹與《袁安碑》似出同一人之手。

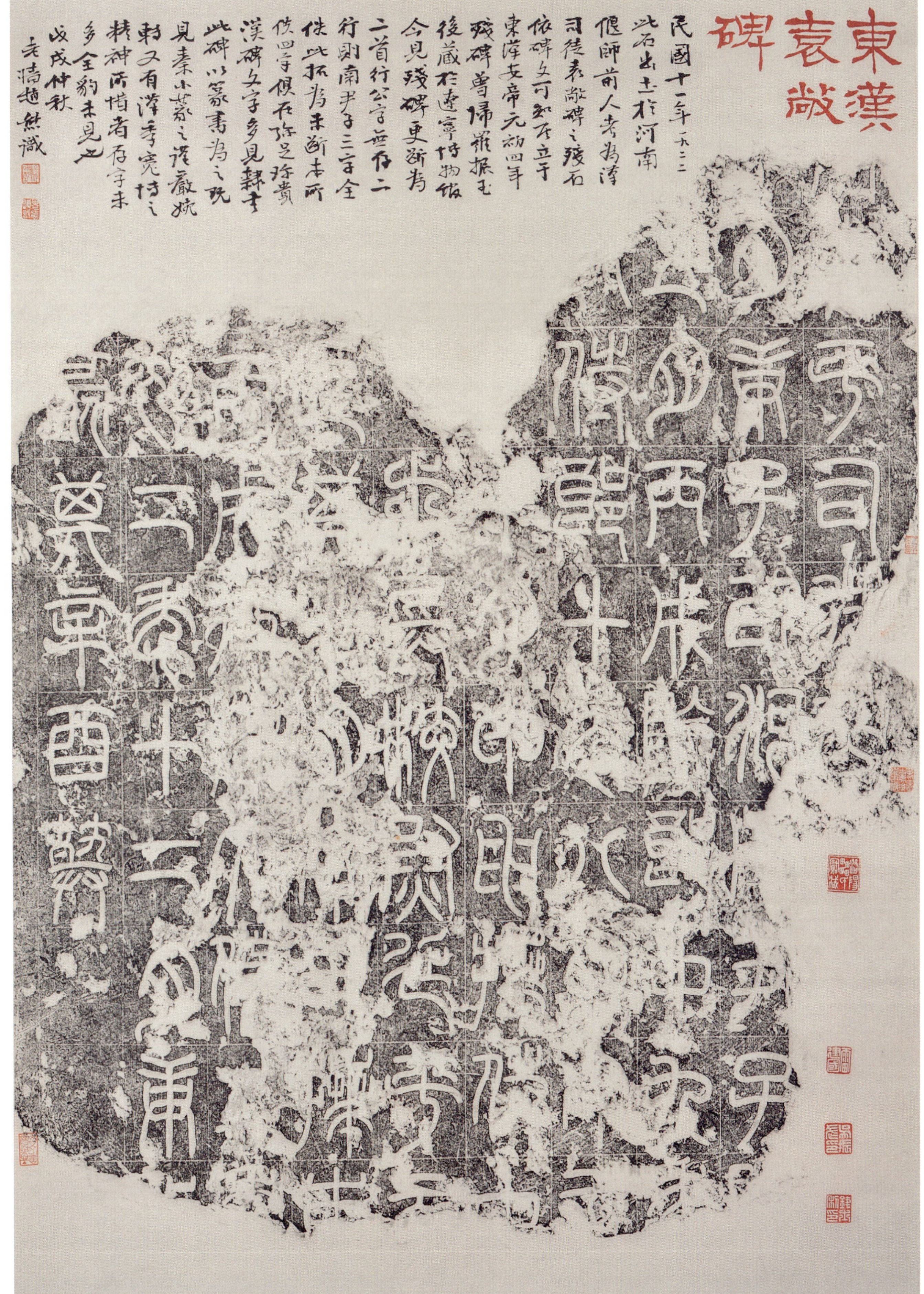
東漢袁敞碑
民國十一年一九二二
此石出土於河南
偃師前人考為漢
司徒袁敞碑之殘石
依碑文可知係立于
東漢安帝元初四年
殘碑曾歸羅振玉
後藏於遼寧博物館
今見殘碑更斷為
二首行公字無存二
行則南尹子三字全
佚此拓為未斷本所
佚四字俱在殊足珍貴
漢碑文字多見隸書
此碑以篆書為之既
見秦小篆之謹嚴婉
轉又有漢季寬博之
精神所惜者存字未
多全豹未見也
戊戌仲秋
老倩趙然識

祀三公山碑

漢元初四年（117）

清嘉慶前後拓　81cm×175cm

《祀三公山碑》，全稱《漢常山相馮君祀三公山碑》，俗名《大三公山碑》。東漢元初四年(117)立。10行，行15～24字。結構介于篆、隸之間。此碑于清乾隆三十九年（1774）由元氏縣令王治岐訪得，今在河北省元氏縣封龍山下。清楊守敬評："非篆非隸，蓋兼二體而爲之，至其純古遒厚，更不待言，鄧完白篆書多從此出。"

東漢

黄腸石題記·索旦石

漢永建三年（128）

今拓

此黄腸石出土于河南洛陽城北，共30塊。1925年，河南省圖書館館長何日章運抵開封，今藏開封博物館。羅振玉曾題跋，收入《松翁近稿》。此爲其中第十塊，銘文："索旦石。廣三尺，厚二尺，長二尺四寸。永建三年四月省。弟十。"

黄腸石題記·左開石

漢永建三年(128)

今拓

此黄腸石出土于河南洛陽城北，共30塊。1925年，河南圖書館館長何日章運抵開封，今藏開封博物館。此爲其中第十四塊，銘文:“左開石。廣三尺，厚尺五寸，長二尺九寸。第十四。永建三年十二月省。”

河南圖書館藏石

黄腸石題記·郝叔石

漢永建三年（128）

今拓

此黄腸石出土于河南洛陽城北，共30塊。1925年，河南圖書館館長何日章運抵開封，今藏開封博物館。此爲其中第十六塊，銘文："郝叔石。廣三尺，厚尺五寸，長二尺九寸。第十六。永建三年四月省。"

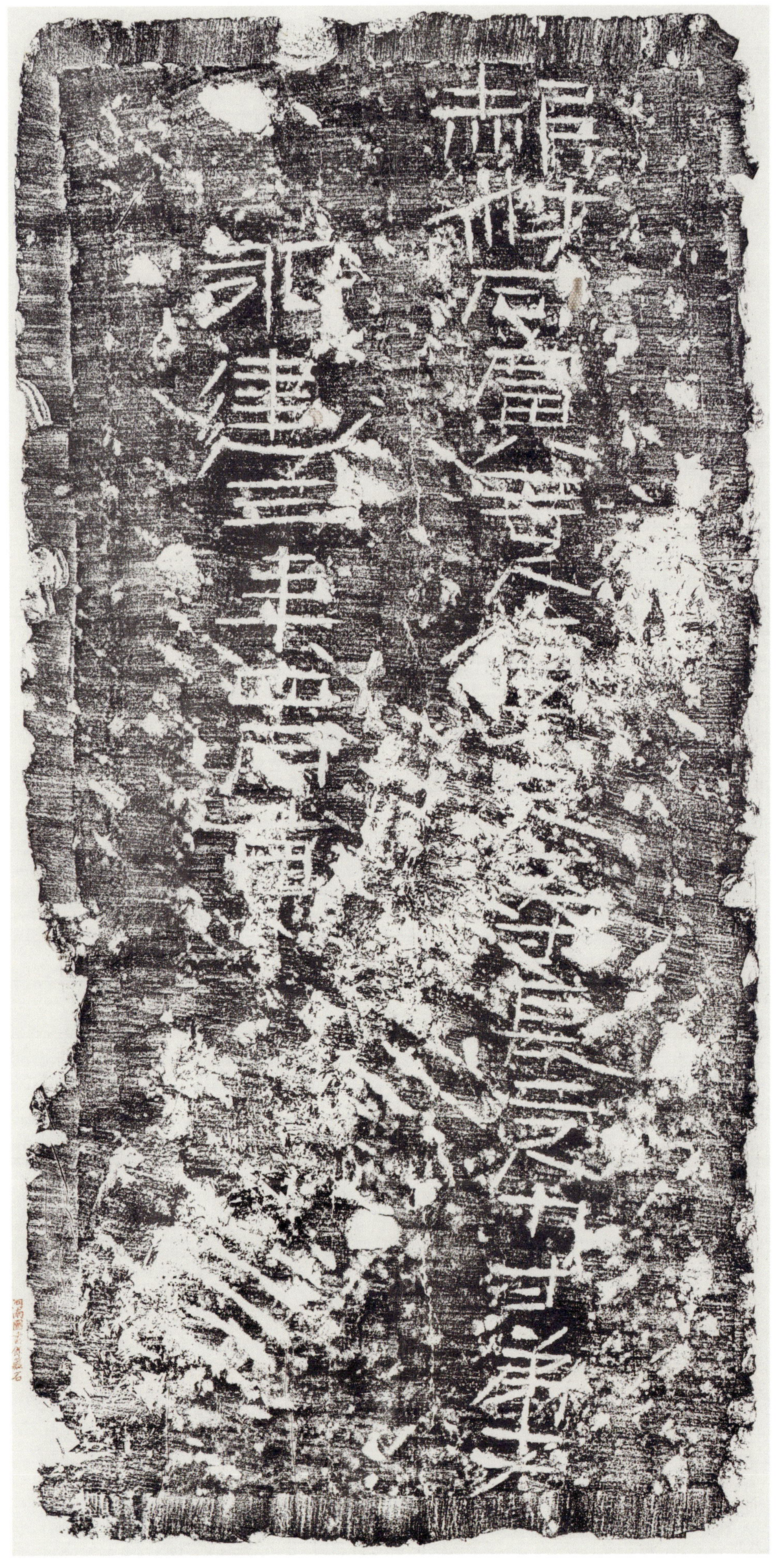

陽嘉殘石

漢陽嘉二年（133）

清光緒拓　40cm × 55cm

《陽嘉殘石》，又稱《少壯州郡等字殘碑》《黎陽令殘石》，東漢陽嘉二年 (133) 刻，清光緒元年（1875）山東曲阜出土，後歸于海豐吴式芬（1796—1856），相傳，此石光緒十八年（1892）毁于火。此碑書法清峻秀雅，端莊古樸，别有意趣。居延堂藏本背面鈐“山左堂”“信古齋記”二朱文印，當爲光緒拓本。

佐殄郡以[illegible]像爲[illegible]
曾[illegible]校[illegible]
長年[illegible]
[illegible]細[illegible]
十一陰[illegible]二[illegible]天
冠蓋[illegible][illegible]瞻木[illegible]
風衣息殄殘匪鮮
循孫光[illegible]光永永無
朋廿五日戊[illegible]
首德[illegible]撿[illegible]

有二百
五百
馬瑗百
百
百五十

故吏周
故吏焦蒙
故吏王炔
故吏后巽
有十六人百五十
處士韓瑗
故吏劉穆
故吏劉紆
故吏薄子遂
故吏劉生
故吏秉敞
故吏趙詡

故吏
故吏
故吏
故吏
故吏
故吏
故吏
故吏
故吏

東漢

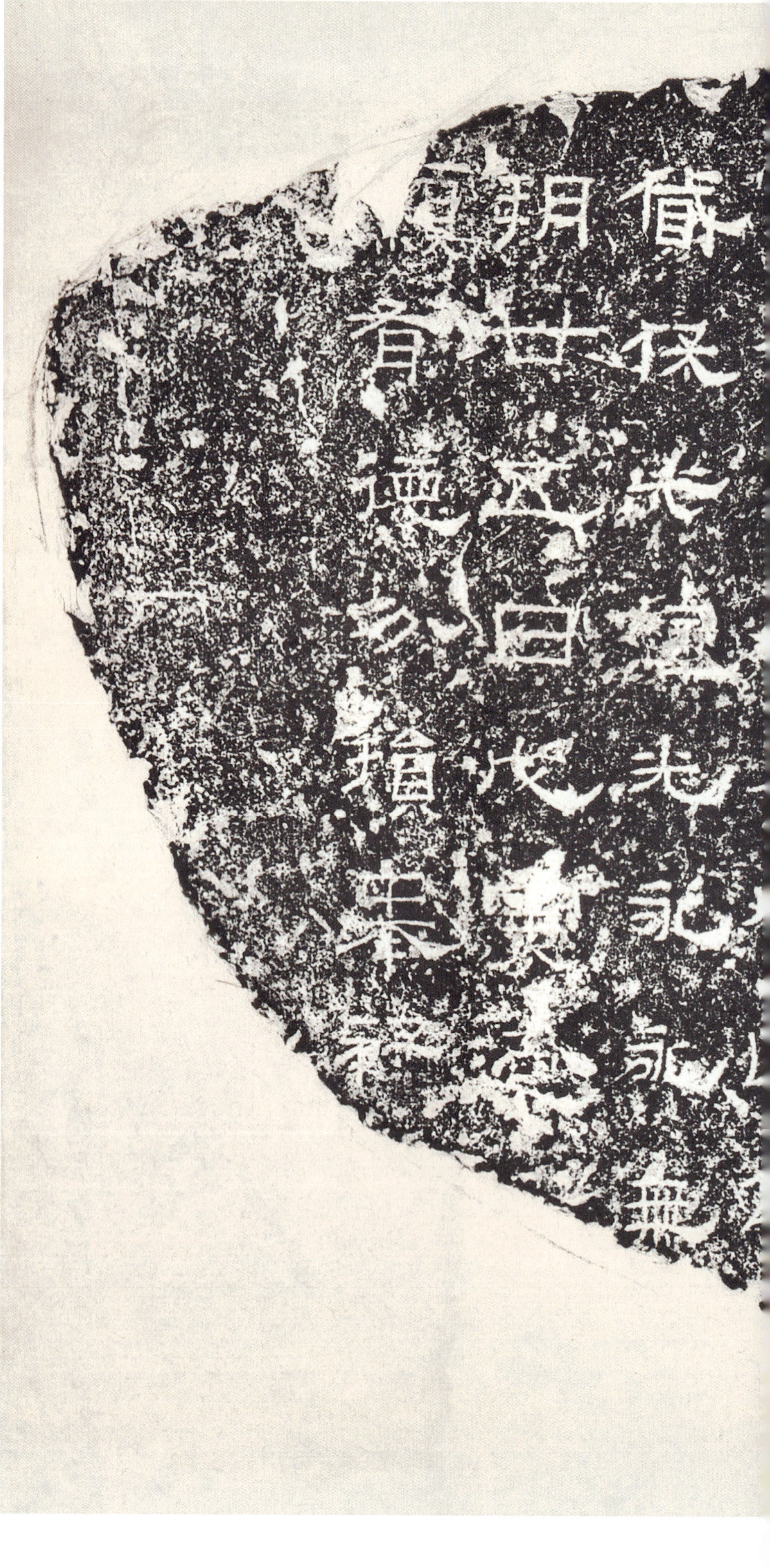

杜[illegible]郡以[illegible]

曹[illegible]

十一陰[illegible]一

罔盖[illegible]瞻来[illegible]

東漢

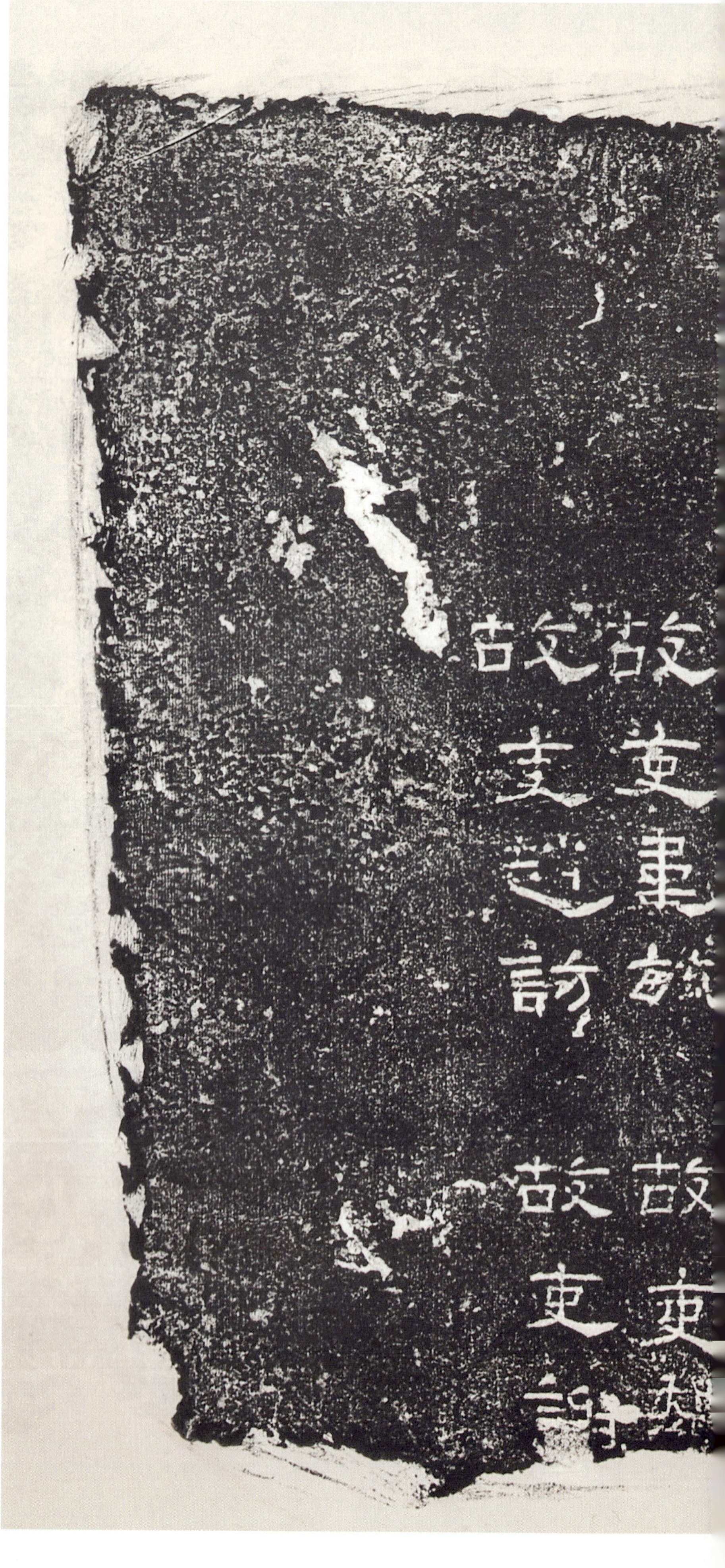

君二百
五百
馬瑗百
百
百五十

故吏貝
故吏焦蒙
故吏王妭
故吏后巽
君十二之 百五十
處士韋瑣
故吏劉穆
故吏劉紓
故吏韓于遷
故吏

故吏
故吏
故吏
故吏
故吏
故吏
故吏
故

裴岑紀功碑

漢永和二年（137）

晚清拓　60cm × 139cm

《裴岑紀功碑》，全稱《敦煌太守裴岑紀功碑》，東漢永和二年 (137) 刻，今藏新疆維吾爾自治區博物館。古隸 6 行，行 10 字，記述敦煌太守裴岑戰功事略。銘文："惟漢永和二年八月，敦煌太守雲中裴岑將郡兵三千人，誅呼衍王等，斬馘部眾，克敵全師。除西域之災，蠲四郡之害，邊竟艾安。振威到此，立海祠以表萬世。"居延堂藏本，上邊緣墨色微泛，屬精拓。鈐有"甘肅鎮西撫民直隸廳同知之關防"漢滿朱文印一枚，"移孝作忠，效力邊陲"白文印一枚、"邊臣祥印"朱文印一枚。《裴岑紀功碑》字形縱長，古茂雄厚，是西陲邊塞重要的絲綢之路文化遺存。

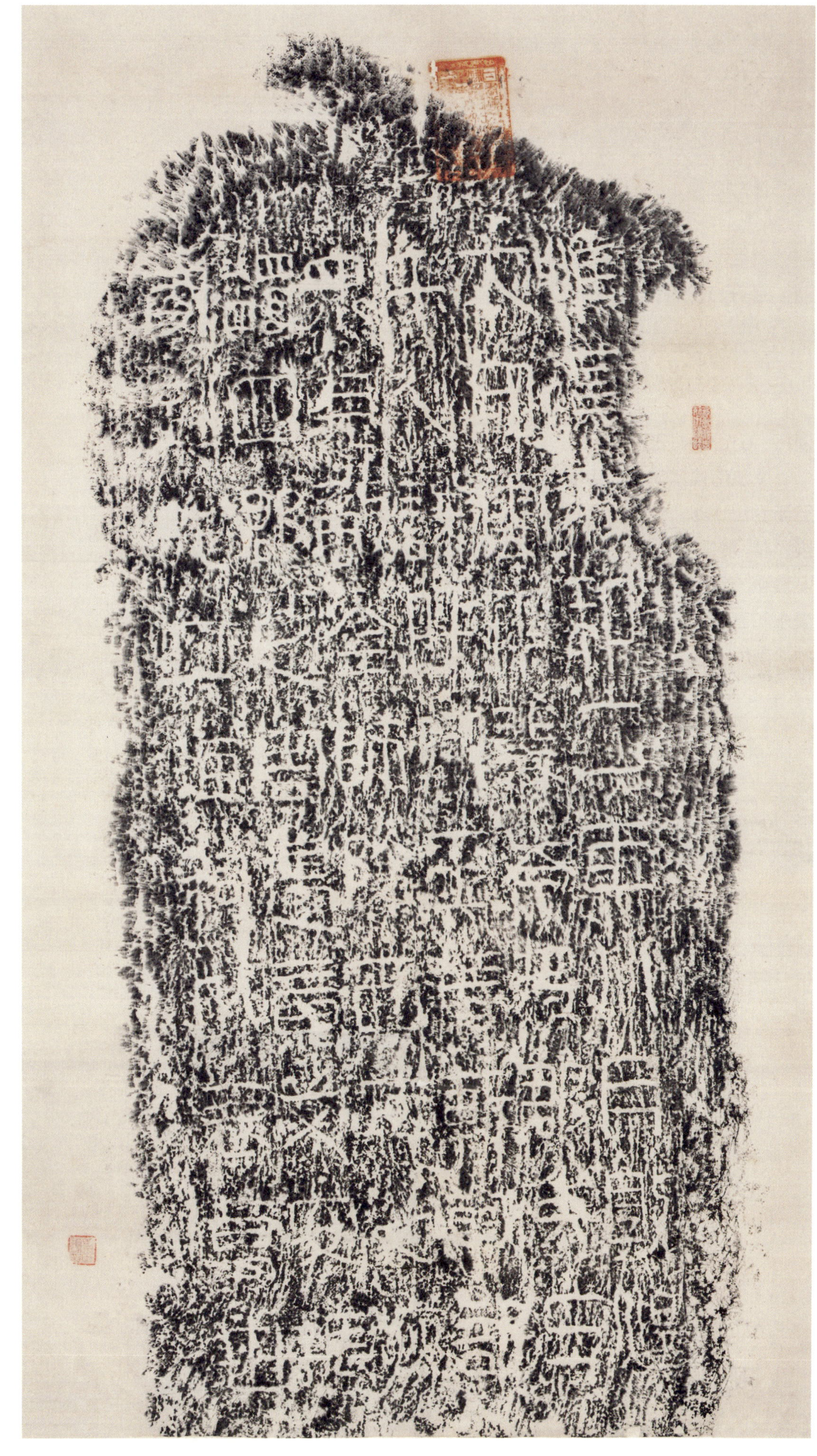

沙南侯獲碑

漢永和五年（140）

清拓　61cm×109cm

《沙南侯獲碑》，東漢永和五年(140)刻，今存新疆巴裏坤煥彩溝。隸書6行，字徑12厘米，多漫漶。僅前兩行約略可辨："惟漢永和五年六月十五日，尹臣雲中沙南侯獲……"

王伯慮食堂記·二

漢永和六年（141）

今拓　12cm×32cm

《王伯慮食堂記·二》，相傳出土于山東聊城市莘縣朝城鎮王氏祠堂，東漢永和六年(141)刻。隸書7行，行9～24字，字徑1厘米，存文約148字。另有《王伯慮食堂記·一》早此兩年，鐫刻風格及銘文内容大致相同，或爲同一食堂所出兩通《食堂記》。

漢安元年會仙題刻

東漢漢安元年（142）

清末民初拓　54cm × 66cm

《漢安元年會仙題刻》，又名《漢安仙集字》《漢逍遙山石窟題字》，東漢漢安元年（142）刻于四川簡陽市逍遙山紅砂石窟崖墓東壁。南宋祝穆《方輿勝覽》有載。隸書 2 行：“漢安元年四月十八日會仙友。”另有後人楷書題字“東漢仙集，留題洞天”。

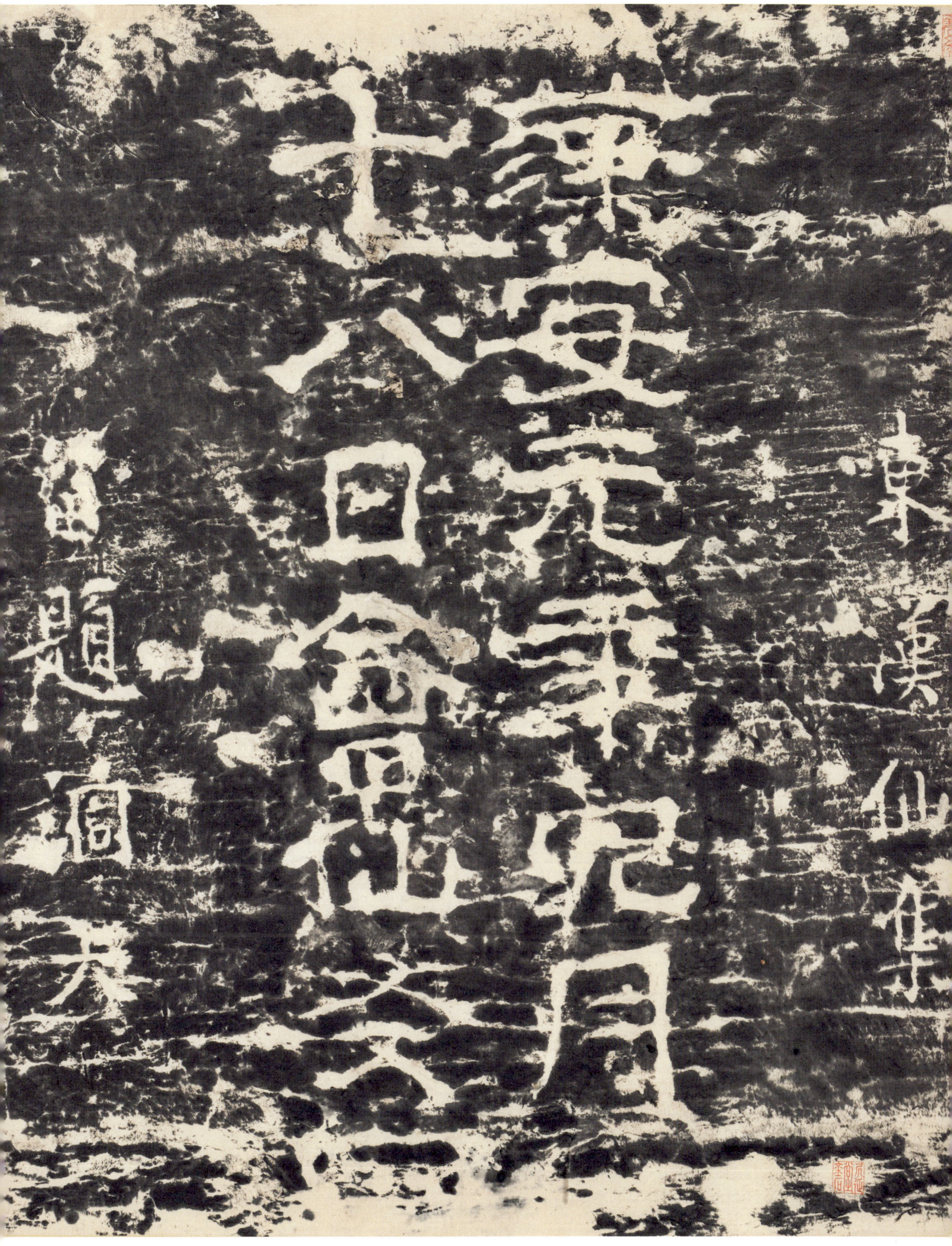

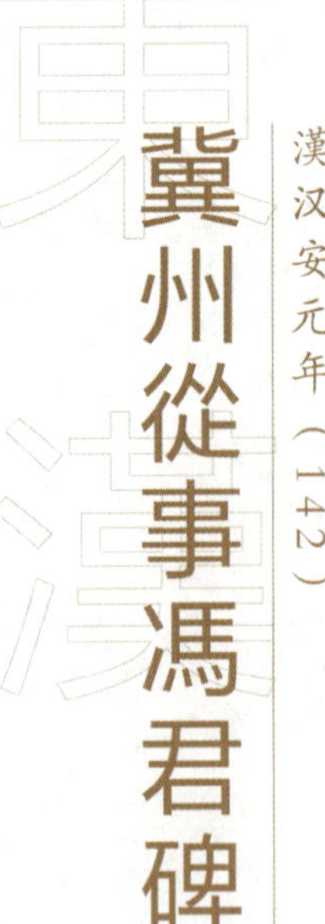

冀州從事馮君碑

漢汉安元年（142）

今拓　83cm × 102cm

《冀州從事馮君碑》，簡稱《馮君碑》，河南孟津出土。碑圭形，下殘，僅存中穿以上半截。額隸書“冀州從事馮君碑”，正文17行，行5～15字，凡199字。碑云“進而遘兕殃永和六年”，碑末又云“漢安元輪”，則立碑在東漢漢安元年（142）。

冀州從事馮君碑

惟冀州從事魏郡繁陽□
先出自高辛文武之盛曹恭
世勳則有官扶邑亦如之東
後不絕世濟其美不隕其烈
兄弟相師承事母民世稱其□
雖宦慈篤誠孝弟勤悺既脩陽
欣壽親安然後志得叉寧然後
以辭戶援以部職輒以秉讓是
司三郡糾明著否歎善紲顯寬
臨卿嘗進亦遭凶禍禮和亦軍
惜從事泣亞懼慄踰于鄭人
始天道唯德不朽於是周志
厥後其辭曰
從事秉德如玉如當表像所據質
上勳力有成浩浩冀土從事是紀所務
是屏何寤不遂中年殞命世喪楨□朝
以造茲漢室元幹

欣壹穆安然後志得及寧然後
以辭戶授以部職輒以病讓畏
司三郡紂明若否歎善紕甄曾
臨鄉豈進亓違凶禋亂和六年
惜從事泣亞懼慄竊于鄭人
始天道唯德不朽於是同志
厥後異辭曰
從事秉德如王如當表像所撰廣玄
上勳力育成浩浩冀士我事畏紀所縣
是屏何寤不遂中華殘命世豐模范朝
以造嚞漢室元軨

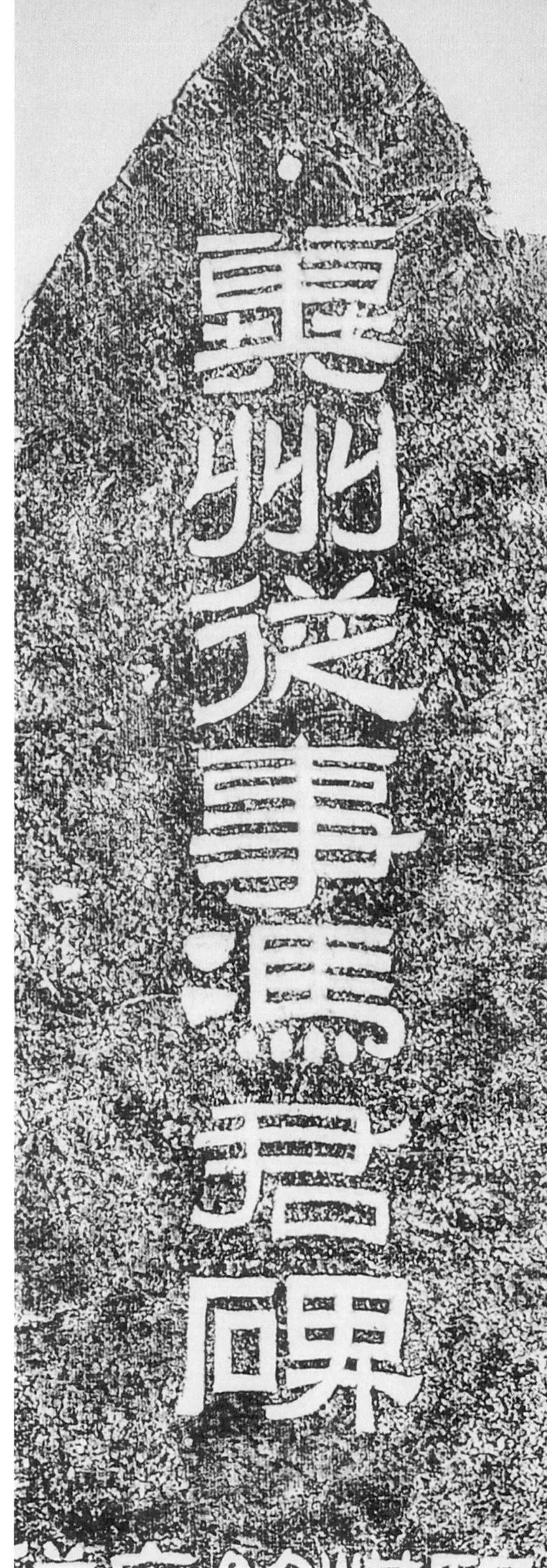
冀州從事馮君碑

景君碑（碑陽）

漢漢安二年（143）

清嘉道間拓　75cm × 200cm

《景君碑》，全稱《漢故益州太守北海相景君碑》，東漢漢安二年（143）刻，今存山東省濟寧博物館。碑陽，篆額“漢故益州大守北海相景君銘”，正文隸書17行，行33字；碑陰，題名4列和四言韻語。明王世貞謂其“書法故自古雅”。居延堂藏本，八行“殘”字損“歹”部上橫畫，首行“歍”三點已損其二。十五行“規”微損。據此知其約爲清嘉道間拓本。

漢故益州太守
北海相景君銘

莒州宋伯望買田刻石

東漢漢安三年（144）

清光緒拓　46cm×95cm

《莒州宋伯望買田刻石》，又稱《莒州刻石》，東漢漢安三年（144）刻，清光緒十八年（1892）出土于山東省莒縣孟家莊，歸藏莊餘珍（1859—1935），今藏山東省刻石藝術館。碑正面9行，背面5行，左側6行，右側5行。石面粗糙，銘文樸拙。記録宋伯望等買田、劃界事。居延堂藏本僅存石刻三面，其右側缺失。拓片下部均鈐有朱文多字印："漢租界碑，光緒壬辰莒州出土，今藏莊餘珍家。"説明此拓爲莊餘珍家藏清光緒初拓本。

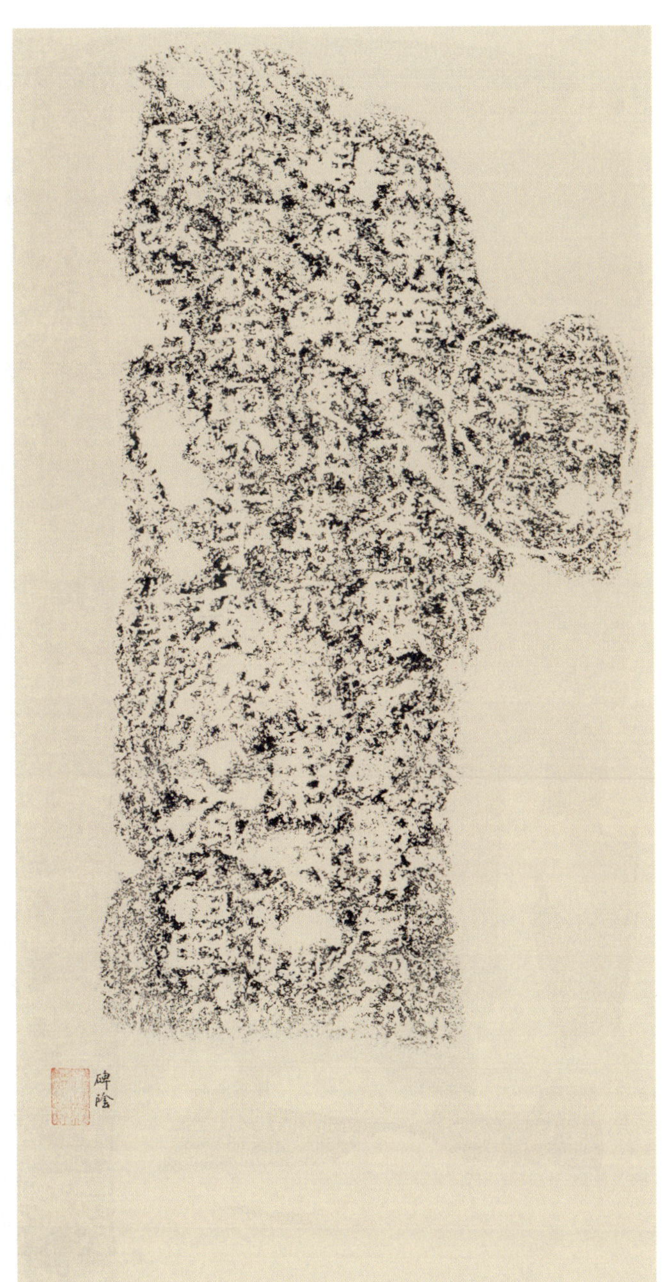
碑陰

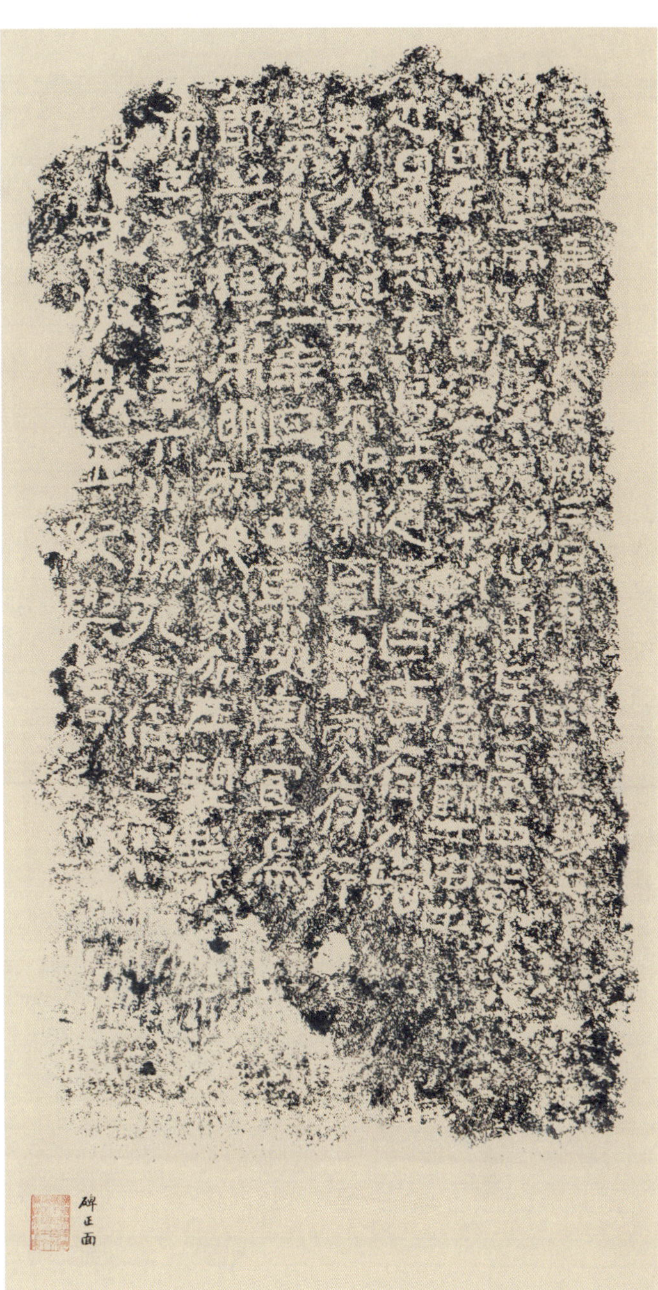
碑正面

石門頌

漢建和二年（148）

清末民初拓　185cm × 208cm

《石門頌》，全稱《漢故司隸校尉楗爲楊君頌》，又稱《楊孟文頌》，東漢建和二年（148）摩崖刻石，原在陝西漢中褒城石門，因修建水庫，搬遷至漢中博物館。隸額 2 行 10 字“故司隸校尉楗爲楊君頌”；正文隸書 22 行，行 3 ~ 37 字不等。

惟巛靈定位川澤股躬澤有所注川有所通斜谷之川其澤南隆八方所達益
域為充高祖受命興於漢中道由子午出散入秦建定帝位以漢詆焉後以子
午途路澀難更隨圍谷復通堂光凡此四道垓鬲尤艱至於永平其有四年
詔書開余鑿通石門中遭元二西夷虐殘橋梁斷絕子午復循上則縣峻屈
曲流顛下則入冥廎寫輸淵平阿湶泥常蔭鮮晏木石相距利磨確磐臨危
槍碭履尾心寒空輿輕騎滯礙弗前惡蟲𤵸狩蛇蛭毒蟃未秋截霜稼苗夭殘
終年不登匱餧之患卑者楚惡尊者弗安愁苦之難焉可具言於是明知故司
隸校尉楗為武陽楊君厥字孟文深執忠伉數上奏請有司議駁君遂執爭百
遼咸從帝用是聽廢子由斯得其度經功飭爾要敞而晏平清涼調和烝烝艾
寧至建和二年仲冬上旬漢中太守楗為武陽王升字稚紀涉歷山道推序本
原嘉君明知美其仁賢勒石頌德以明厥勳其辭曰
君德明明炳煥彌光刺過拾遺厲清八荒奉魁承杓綏億衙彊春宣聖恩秋貶若
霜無偏蕩蕩貞雅以方寧靜烝庶政與乾通輔主匡君循禮有常咸曉地理知世
紀綱言必忠義匪石厥章恢弘大節讜而益明揆往卓今謀合朝情釋艱即安有
勳有榮禹鑿龍門君其繼縱上順斗極下答坤皇自南自北四海攸通君子安
樂庶士悅雍商人咸憘農夫永同春秋記異今而紀功垂流億載世世歎誦
序曰明哉仁知豫識難易原度天道安危所歸勤勤竭誠榮名休麗

京嘉[illegible]明知其異[illegible]賢數
君德明明炳煥彌光刺過
雍無偏蕩蕩貞雅以方寧
紀綱言必忠義匪石厥章
勳有榮名鑿龍門君更

惟巛靈定位川澤股躬澤
域為充
高祖受命　興於
以子午途路澀難更隨圍
年詔書開余鑿通石門中

劉福功德頌

漢和平元年（150）

張馳藏　今拓　120cm×150cm

《劉福功德頌》，全稱《故漢陽太守劉福功德頌》，又稱《劉福頌》《河峪頌》，東漢和平元年（150）摩崖刻石，今存甘肅省天水市張家川河峪村。隸書15行，滿行18字，原文滿格約270字，今約略可辨135字，字徑6厘米。題額位于第六、七行之上，隸書"漢"字，字徑15厘米。《劉福功德頌》爲隴道重要的交通碑銘，其筆畫平直，結字寬和，運筆篆隸相羼，書法方整古樸。

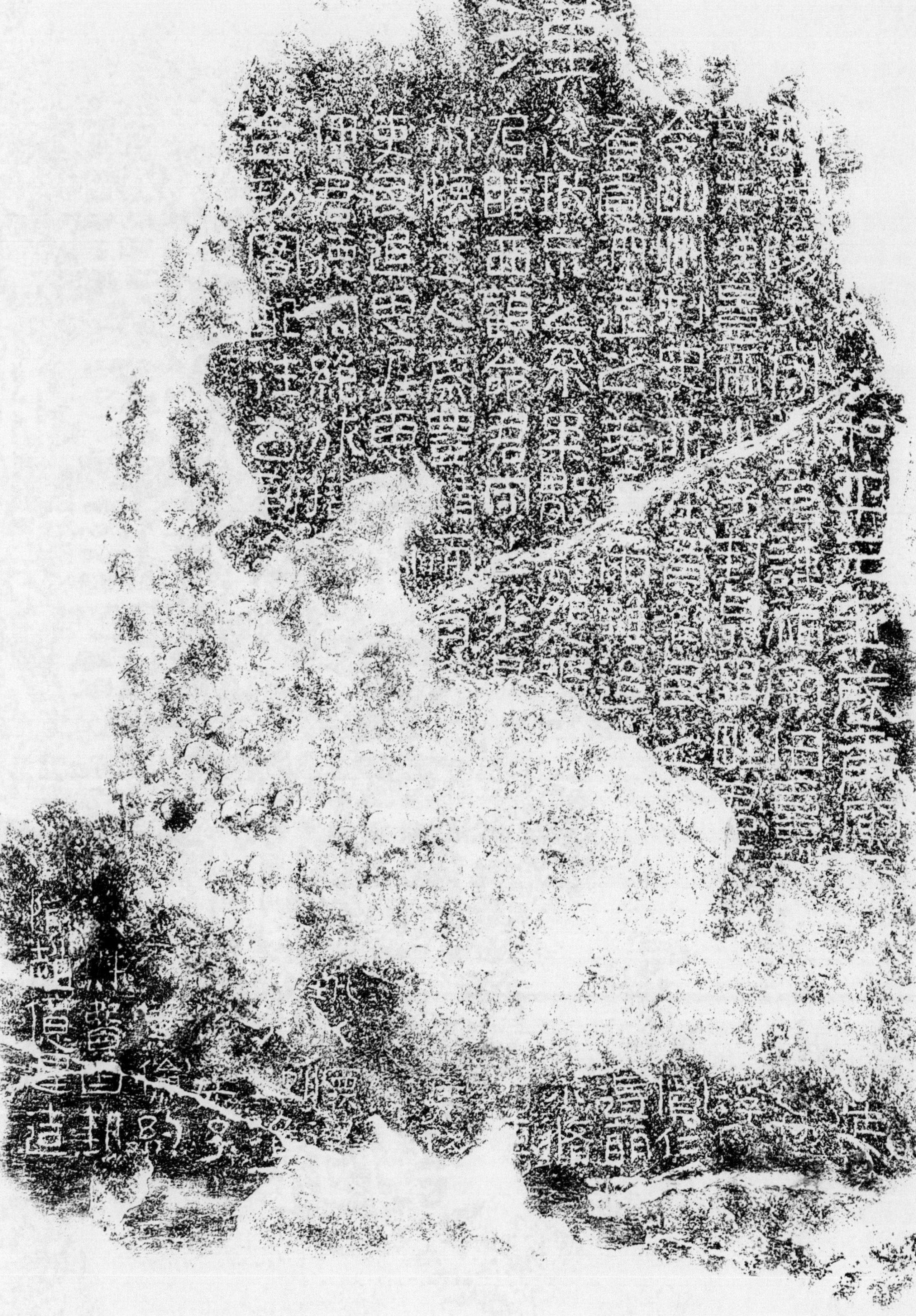

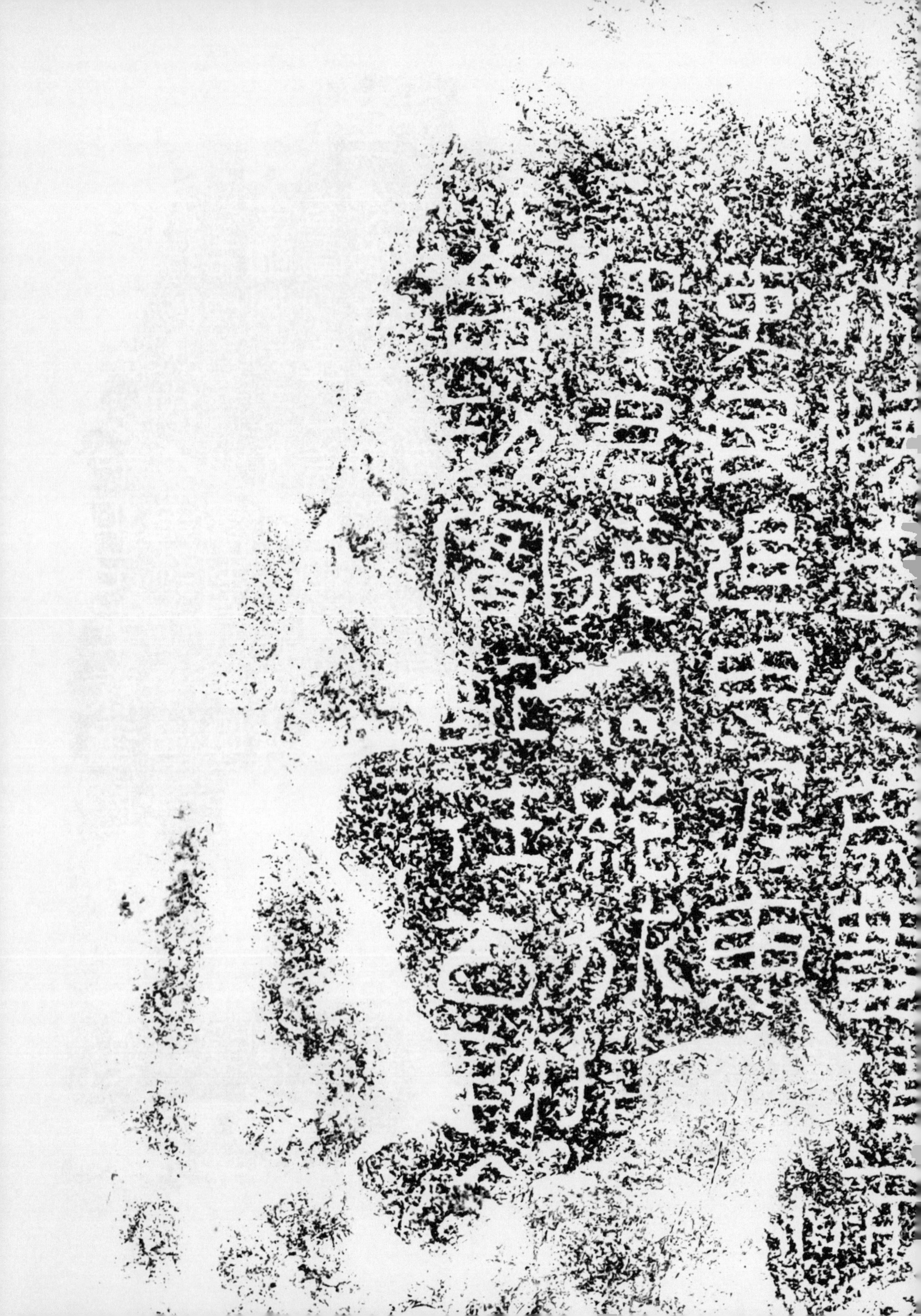

繆宇墓記

漢元嘉元年（151）

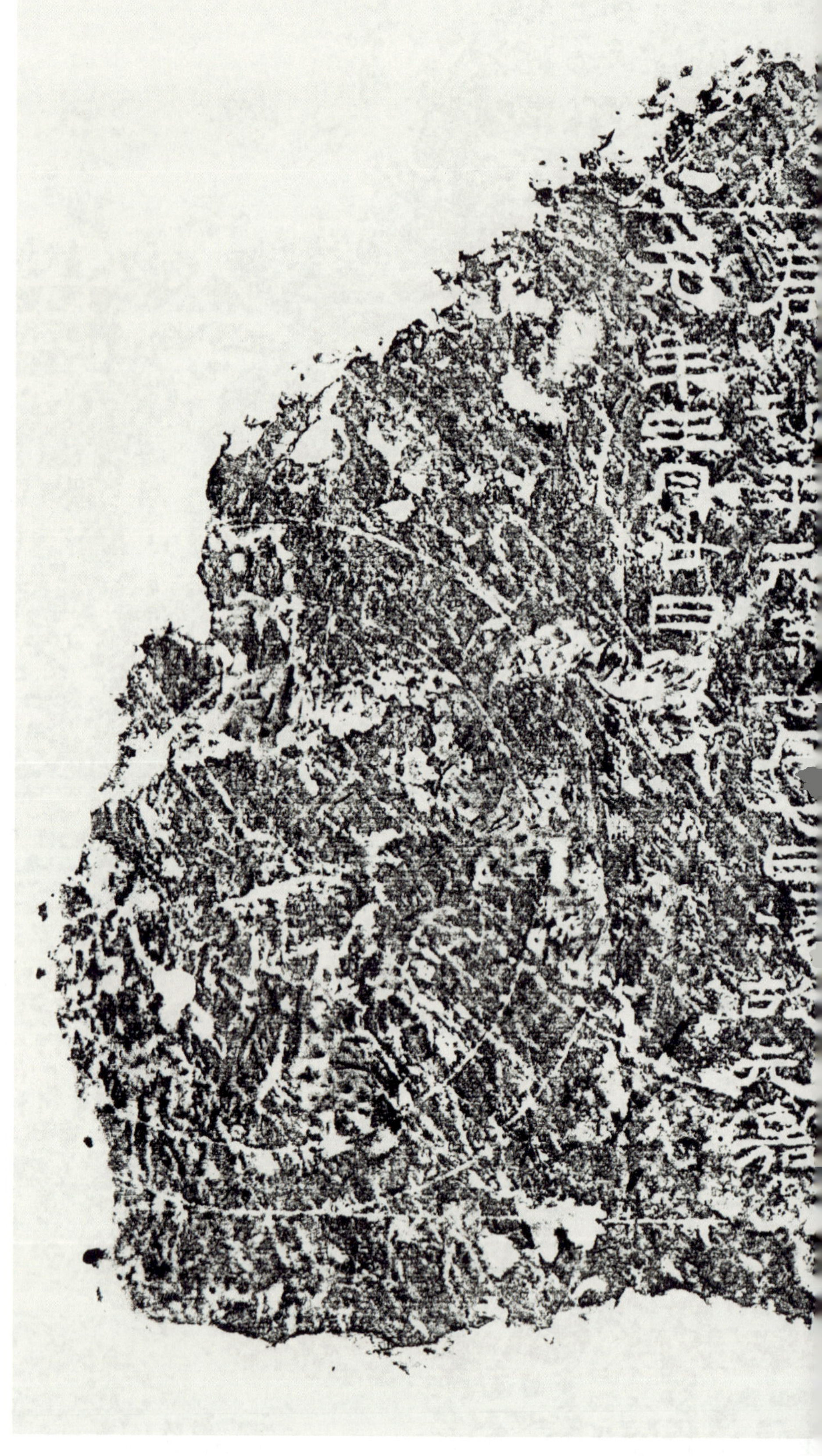

今拓

《繆宇墓記》，全稱《邳州青龍山元嘉元年畫像石墓題記》，1982 年江蘇邳縣青龍山繆宇夫婦墓出土，東漢元嘉元年（151）刻。隸書 11 行，首行 16 字，末行 7 字，其餘大多爲 9 字。中部橢圓形圓孔致多字損傷。

乙瑛碑

漢永興元年（153）

清末民初拓　88cm×192cm

《乙瑛碑》，全稱《魯相乙瑛請置孔廟百石卒史碑》。東漢永興元年(153)立，碑存山東曲阜孔廟，與《禮器碑》《史晨碑》合稱“孔廟三碑”。隸書18行，滿行40字。碑文記録司徒吴雄、司空趙戒以前魯相乙瑛之言，上書請于孔廟置百石卒史一人，執掌禮器廟祀之事。清方朔云:“字字方正沉厚，亦足以稱宗廟之美。”何紹基稱此碑:“横翔捷出，開後來雋利一門，然肅穆之氣自在。”

司徒臣雄司空臣戒稽首言魯前相瑛書言詔書崇聖道勉□藝孔子作春秋制孝經刪述五經演易繫
辭經緯天地幽讚神明故特立廟褒成侯四時來祠事已即去廟有禮器無常人掌領請置百石卒史一
人典主守廟春秋饗禮財出王家錢給犬酒直須報謹問大常祠曹掾馮牟史郭玄辭對故事辟雍禮未
行祠先聖師侍祠者孔子子孫大宰大祝令各一人皆備爵大常丞監祠河南尹給牛羊豕雞□□各一
大司農給米祠臣愚以為如瑛言孔子大聖則象乾坤為漢制作先世所尊祠用眾牲長吏備爵今欲加寵子孫
敬恭明祀傳于罔極可許臣請魯相為孔子廟置百石卒史一人掌領禮器出王家錢給犬酒直他如
故事臣雄臣戒愚戇誠惶誠恐頓首頓首死罪死罪臣稽首以聞
制曰可
元嘉三年三月廿七日壬寅奏雒陽宮
元嘉三年三月丙子朔廿七日壬寅司徒雄司空戒下魯相承書從事下當用者選其年卌以上經通一藝
雜試通利能奉弘先聖之禮為宗所歸者如詔書書到言
永興元年六月甲辰朔十八日辛酉魯相平行長史事卞守長擅叩頭死罪敢言之
司徒司空府壬寅詔書為孔子廟置百石卒史一人掌主禮器選年卌以上經通一藝雜試能奉弘先聖
之禮為宗所歸者平叩頭叩頭死罪死罪謹案文書守文學掾魯孔龢師孔憲戶曹史孔覽等雜試龢修
春秋嚴氏經通高第事親至孝能奉先聖之禮為宗所歸除龢補名狀如牒平惶恐叩頭死罪死罪上
司空府
讚曰巍巍大聖赫赫彌章相乙瑛字少卿平原高唐人令鮑疊字文公上黨屯留人政教稽古若重規矩
乙君察舉守宅除吏孔子十九世孫麟廉請置百石卒史一人鮑君造作百石吏舍功垂無窮於是始□

元嘉三年三月丙子朔廿七日
藝雜試通利能奉弘先聖之禮
永興元年六月甲辰朔十八日
司徒司空府壬寅詔書為孔子
之禮為宗所歸者平叩頭叩頭
春秋嚴氏經通高第事親至孝
司空府
讚曰巍巍大聖赫赫彌章相乙
君察舉守宅除吏孔子十九

司徒臣雄司空臣戒稽首言魯
辭經緯天地幽讚神明故特立
人典主守廟春秋饗禮財出王
行祠先聖師侍祠者孔子子孫
大司農給米祠臣愚以爲如瑛
寵子孫敬恭明祀傳于罔極可
他如故事臣雄臣戒愚戇誠惶
制曰可
元嘉三年三月廿七日壬寅奏

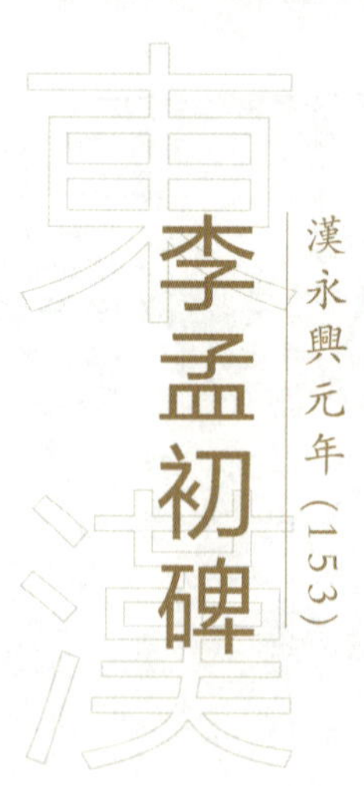

李孟初碑

漢永興元年（153）

清末民初拓　90cm×160cm

《李孟初碑》，全稱《故宛令益州刺史李孟初神祠之碑》，東漢永興二年(154)立，今存河南省南陽市博物館。隸書15行，其中前2行爲大字。碑有穿，下段漫泐，有清咸豐十年（1860）甌山金梁題跋。

[illegible]平訓[illegible]
[illegible]宇樹[illegible]
[illegible]大二人[illegible]
中興[illegible]年[illegible]
[illegible]勸農賊捕掾李龍[illegible]
[illegible]有秩[illegible]宇[illegible]民令德[illegible]

按漢宛[illegible]李孟初神祠碑[illegible]宛[illegible]
烈[illegible]初年白河水漲[illegible]出為[illegible]
居民[illegible]遇識[illegible]指[illegible]
[illegible]餘數十字[illegible]剝落竟無字跡今年
曷劍泉學使書來索[illegible]甫[illegible]求得之[illegible]
念此碑湮沒已久[illegible]四十年為河[illegible]
今又[illegible]搜羅及之古跡[illegible]存者
有鬼神呵護其間爰移[illegible]置[illegible]二堂
下壁間而識其顛末如此
咸[illegible]

東漢

右扶風丞李君通閣道記

漢永壽元年（155）

清末民初拓　45cm × 72cm

《右扶風丞李君通閣道記》，又稱《李君通閣道摩崖》，東漢永壽元年 (155) 摩崖，原在陝西漢中褒城石門，清嘉慶十九年（1814）王森文訪得，因修建水庫，搬遷至漢中博物館。隸書 7 行，行 10 ~ 13 字。此刻字法延續了《鄐君開通褒斜道》《石門頌》摩崖瘦勁書風，行字參差，骨力勁健。

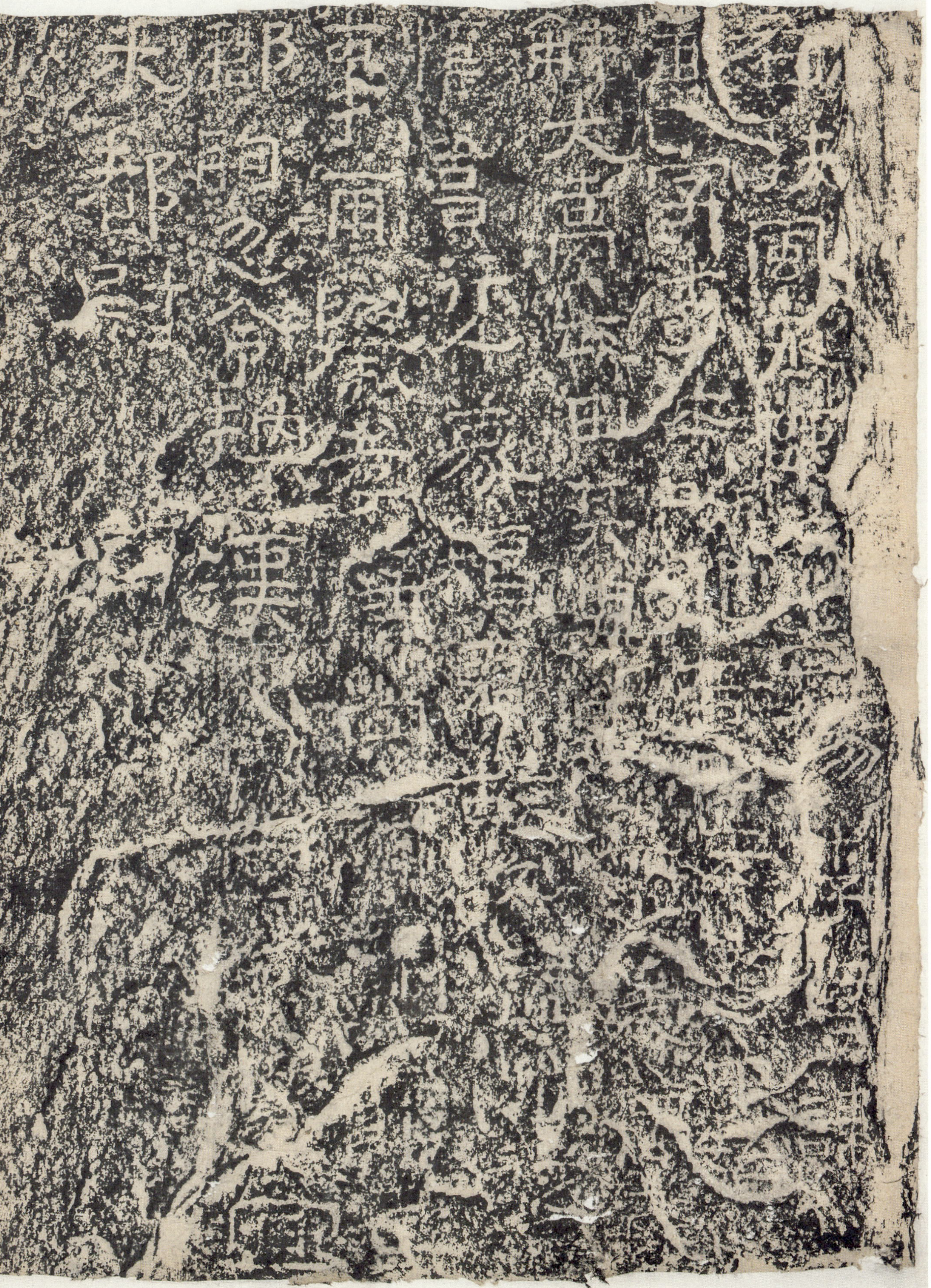

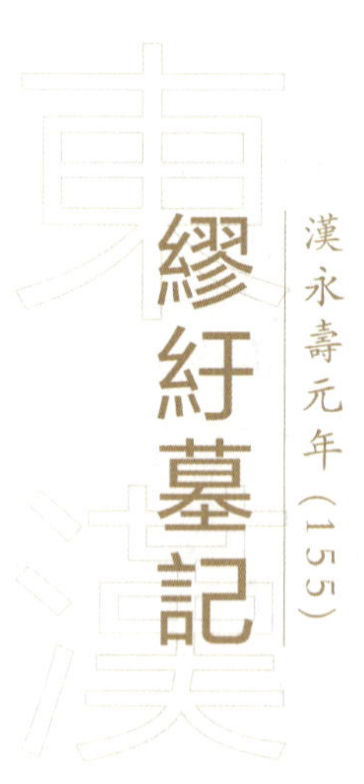

繆紆墓記

漢永壽元年（155）

今拓　50cm×72cm

《繆紆墓記》，又稱《邳州燕子埠永壽元年畫像石墓記》，東漢永壽元年(155)刻，1982年，江蘇邳縣燕子埠發現。隸書17行，行10～19字，上段磨泐。

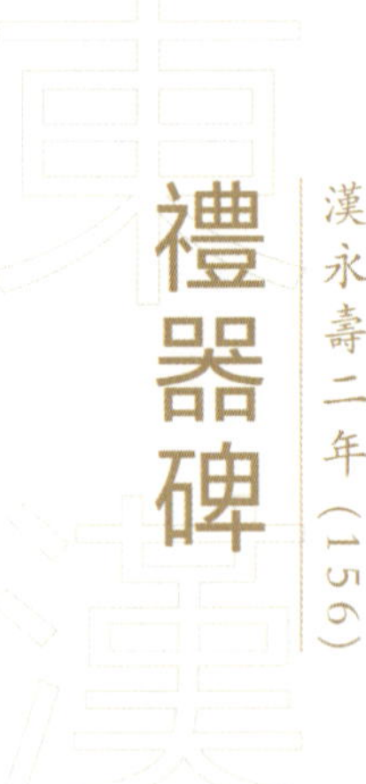

禮器碑

漢永壽二年（156）

清末民初拓　79cm×170cm

《禮器碑》，全稱《魯相韓敕造孔廟禮器碑》，或稱《韓敕碑》。東漢永壽二年（156）立，現存山東曲阜孔廟。碑身高170厘米，寬79厘米。碑陽隸書16行，其中正文13行，後三行及碑陰、碑側爲題名，共104人姓名及捐款錢數。碑文記述了魯相韓敕優免孔子舅族顔氏和妻族亓官氏邑中繇發、造作孔廟禮器、修飾孔子宅廟的功績。清王澍《虚舟題跋》云："隸法以漢爲極，每碑各出一奇，莫有同者，而此碑最爲奇絕。瘦勁如鐵，變化若龍，一字一奇，不可端倪。"

孔廟殘碑

漢永壽三年（157）

今拓　49cm×99cm

《孔廟殘碑》，又稱《永壽三年孔廟殘碑》，東漢永壽三年（157）刻，山東曲阜孔廟出。碑陽存隸書12行，行2～15字；碑陰題名2列，上列9行，下列6行，下殘。

漢永壽三年孔廟殘碑

漢桓帝永壽三年所立原碑為圭首長方形中有碑穿現僅殘留右部碑穿上殘半碑陽存隸書十二行計一百二十八字系修孔廟文碑陰題名九行計七十六字民國二十二年出土於洛陽金村一帶一九八四年十月重新發現於洛陽王城公園內現存洛陽古代藝術館

乙未五月之吉秋人於秋隱山莊

此碑拓片傳世稀少其碑陰題名尤為漢碑中僅見國畫無徵之漢碑全集二未收錄此碑初著錄於吳興劉承幹希古樓金石萃編柯昌泗語石異同評以為碑陰系祭祀時隸禮諸人為漢碑陰首創蔡運章有東漢永壽三年殘碑跋以詳記之滕東九喜先考為漢古射禮之職員表

金室晴窗秋人之記

元壽三年歲在丁酉季春之月廣國
承撫發挖右碑成執禮器道敗興古
名蓮先聖五帝三皇吉子名聊前世
允民師之受業道元素王孔聖鄉字
制治春秋序萬世後維雅齊脩育
衛選董生七十二人顏淵好學守
自配日月德隆元原曾累丕
行寬行孝竟以位孫仲君事
脩德立義百行之端當
□曰

屢寶負萬字
宰下寬楊字字
新麃孟庸字伯
昌麃陳淮字佯
村先費将字弁
村先王萬字祗
村先張彊字君
村先留康字甫
取殷李遂字伯光

郭郭郭郭郭
祖祖祖祖
章章章章

孟孝琚碑

漢永壽三年（157）

民國拓　70cm×134cm

《孟孝琚碑》，又稱《孟廣宗碑》，東漢永壽三年(157)刻，清光緒二十七年（1901）九月出土于雲南昭通縣南，後移至鳳池書院。隸書15行，滿行21字。碑左下有謝崇基題跋。

劉平國刻石

漢永壽四年（158）

清光緒初　46cm×86cm

《劉平國刻石》，又稱《龜茲刻石》《劉平國作關城頌》，東漢永壽四年(158)摩崖刻石，在新疆庫車西。文載龜茲左將軍劉平國築關建亭之事。摩崖殘泐，拓本存隸書 8 行，近百字。《劉平國刻石》字形大小參差，行筆圓勁，饒有古逸之趣，是西陲邊塞重要的絲綢之路文化遺存。居延堂藏本，首行“龜茲左將”四字及第四行“至”字人爲殘損，但拓本精良，字迹清晰。四行“谷”上“函”字可見，二行“秦”字不損，五行“以堅”二字完好，此爲珍貴的光緒初拓本無疑。

池陽令張君碑

東漢延熹初

今拓

《池陽令張君碑》，碑殘，于清光緒二十六至二十七年（1900—1901）間在河南修武縣發現，旋售于端方，後歸周季木。傳世殘碑拓本有三塊，可綴合。此爲右下殘碑，存隸書9行半，行18字。碑文“西鄉侯”即後漢張敬，據此可知碑刊于東漢延熹初。

山鄉侯之元□□封□□孝也蓋張仲興周室
積君祖服體明性喆□□博敏孝友恭順著扵
之威位南面競德國家猶昔八壹文王是諮世
書悅樂古今允通聲稱天發牧守銓揩歷主薄
□理左右收宜器有特達計拜郎中除茂陵集
□唱寬和為信所依君航侍比愠于羣小換序
□頌撿延光宗保幢□□建彡剋之化開義遝
□爵折中戶三既盈禮□職如□蕑其蠹還池
□雖妻子樹迹舊檀流稱出豫愈否君條兼中

東漢

山鄉矦之元[illegible]絀封[illegible]
績乃祖服體明性喆[illegible]
之感位南國競德國家[illegible]
書悅樂吉命允通聲稱[illegible]
理左名彼宜器有特達
[illegible]唱寫和為信所依君[illegible]

故行事渡君之碑

漢延熹四年（161）

今拓　90cm × 250cm

《故行事渡君之碑》，東漢延熹四年（161）刻，1999 年發現于山東巨野。碑圭形，有穿，穿上隸額“故行事渡君之碑”。碑周邊無字，正文居穿下右側，隸書 11 行，滿行 29 字。

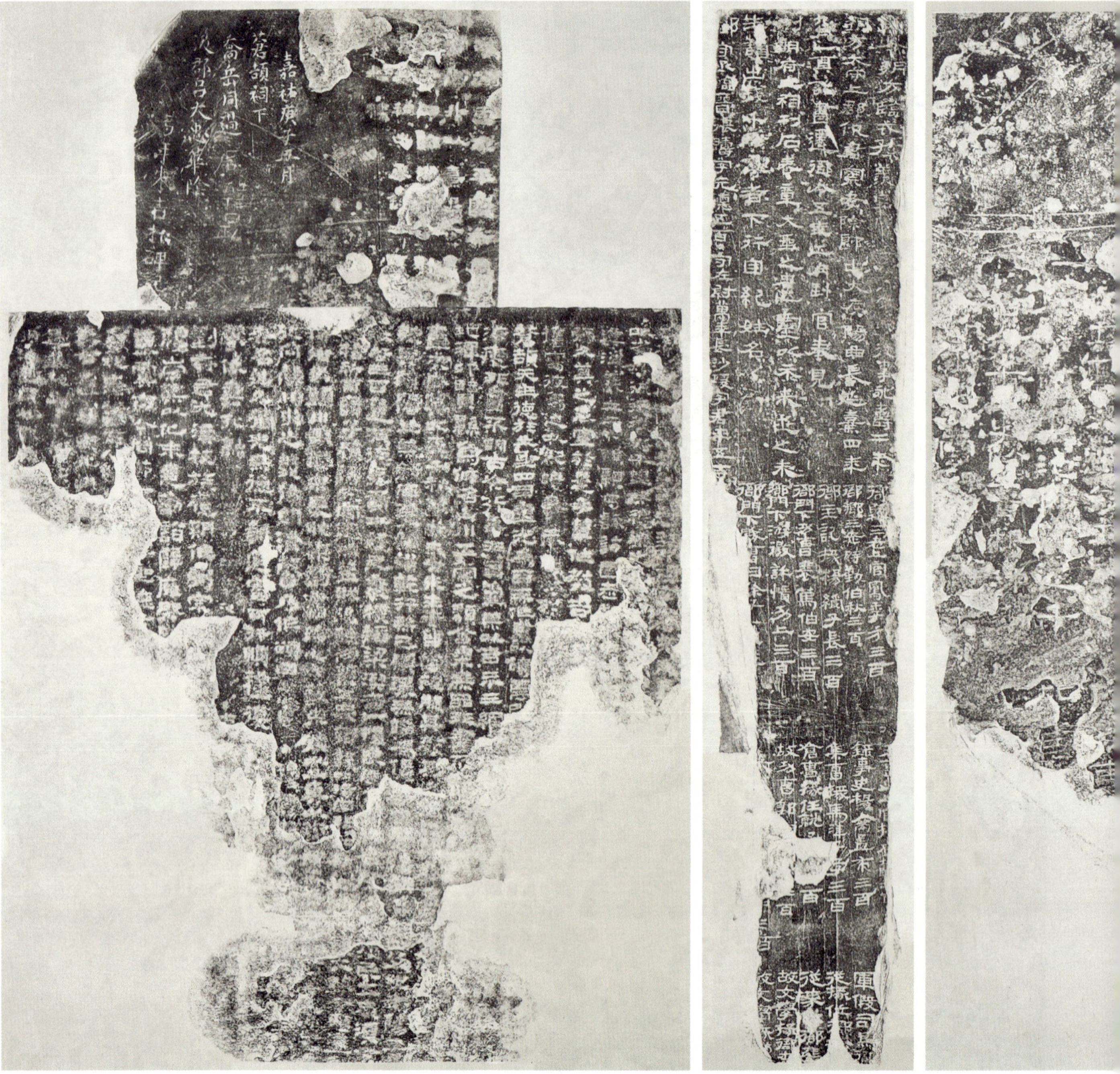

漢延熹五年（162）

倉頡廟碑

今拓　198cm × 200cm

《倉頡廟碑》，東漢延熹五年（162）立，碑原在陝西省白水市，今存西安碑林博物館。碑四面刻，有穿，碑陽、碑陰各刊隸書24行，多磨泐，額有宋呂大忠題名。碑側各有題名數列，文字稍完整。

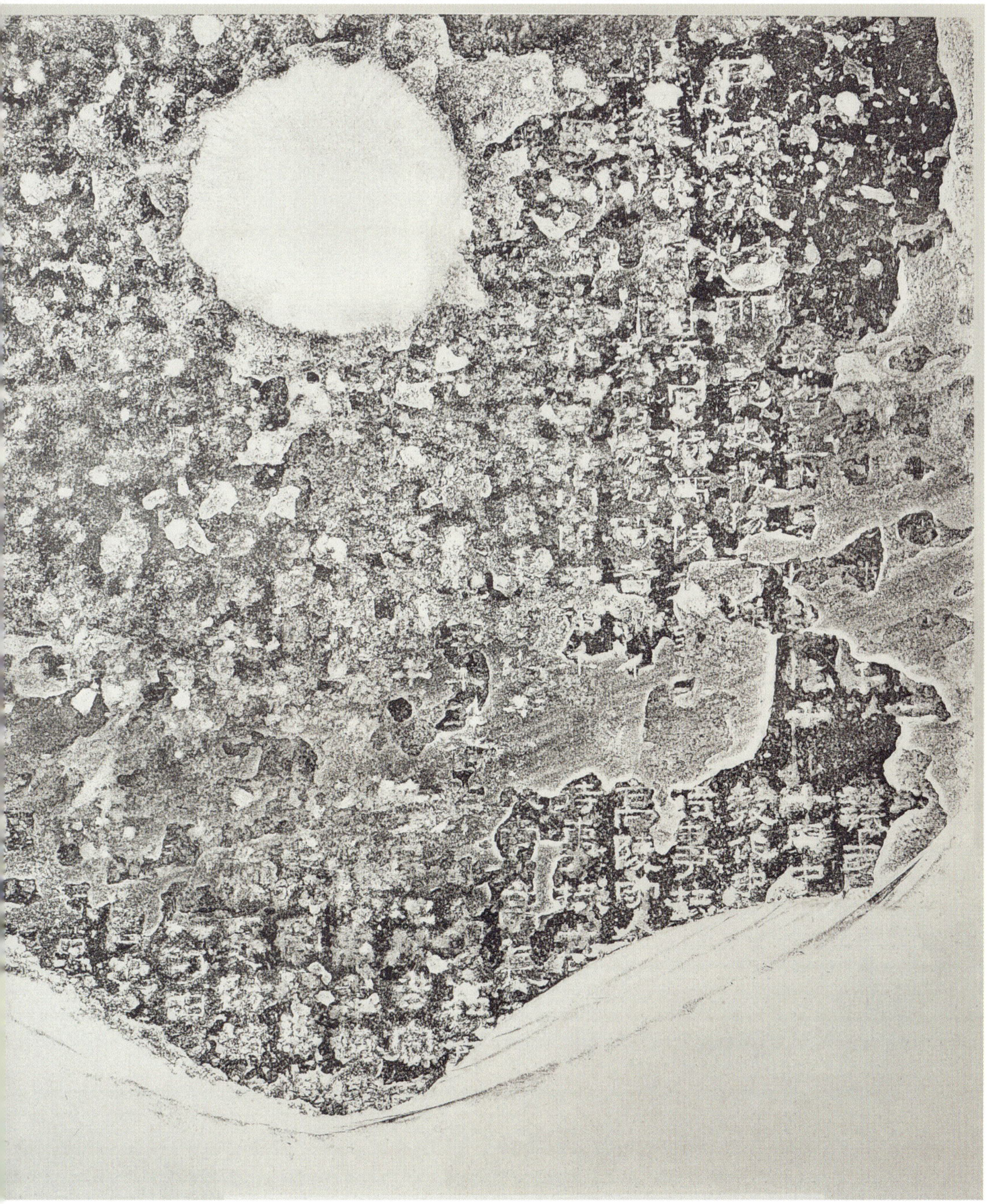

封龍山頌

漢延熹七年（164）

清同治拓　87cm×157cm

《封龍山頌》，東漢延熹七年（164）刊，清道光二十七年（1847）元氏令劉寶楠發現于河北省元氏縣王村山下，碑已毀。碑隸書15行，滿行26字。方朔云："字體方正古健，有孔廟之《乙瑛碑》氣魄。"楊守敬評："雄偉勁健，《魯峻》尚不可及也，漢隸氣魄之大，無逾于此。"居延堂藏本，屬"不缺角林字已損本"，其"章"略損，"品""其"橫泐連。拓本墨色精良，鈐有朱文"大亢校讀"印。此當爲清同治前後所拓。

孔宙碑

漢延熹七年（164）

清拓　99cm×199cm

《孔宙碑》，全稱《漢泰山都尉孔君之銘》，東漢延熹七年（164）立，爲孔子十九世孫孔宙墓碑，現存山東曲阜孔廟。碑陽，額篆“有漢泰山都尉孔君之碑”，正文隸書15行，滿行28字。碑陰，篆額“門生故吏銘”，題名隸書3列，每列21行。楊守敬評：“波擎并出，八分正宗，無一字不飛動，仍無一字不規矩。”

有漢泰山都尉孔君之銘
君諱宙字季將孔子十九世之孫也天姿醇嘏齊聖達道少習家訓治嚴
氏春秋緝熙之業既就而閨閾之行允恭德音孔昭遂舉孝廉除郎
昌長祗傳五教尊賢養老躬忠恕以及人兼禹湯之辠己[illegible]
所常濟弘功於[illegible]簡三載考績遷元城令是時東嶽黔首[illegible]
祠兵遺伴未寧乃擢君典戎以文脩之旬月之閒莫不解甲[illegible]
檮田畯喜于荒圃商旅交乎險路會鹿鳴於樂崩復長幼於酬[illegible]
稅會遘篤病告困致仕得從所好年六十一延熹四年正[illegible]
疾賁速朽之反真慕寧儉之遺則窀一不華明器不[illegible]
之於是故吏門人乃共陟名山采嘉石勒銘示後[illegible]
於顯我君懿德惟光紹聖作儒身立名彰貢登王室閤閣[illegible]
在公明明於德三縣移化汎康於人浩[illegible]
南畝孔臨山育其汙豈弟多柔穆恢光[illegible]
乃委其榮也吉隱勳[illegible]
記夫不刊垂載揚聲[illegible]

武荣碑

漢永康元年（167）

清拓　84cm×214cm

《武榮碑》，全稱《漢故執金吾丞武君之碑》，東漢永康元年 (167) 刻，清乾隆五十一年（1786）黄易訪得，今存山東濟寧市博物館。額陽文隸書 2 行 10 字“漢故執金吾丞武君之碑”，正文隸書 10 行，滿行 31 字，碑左無字。杨守敬评：“淳厚而峭健，流利而圓活。”

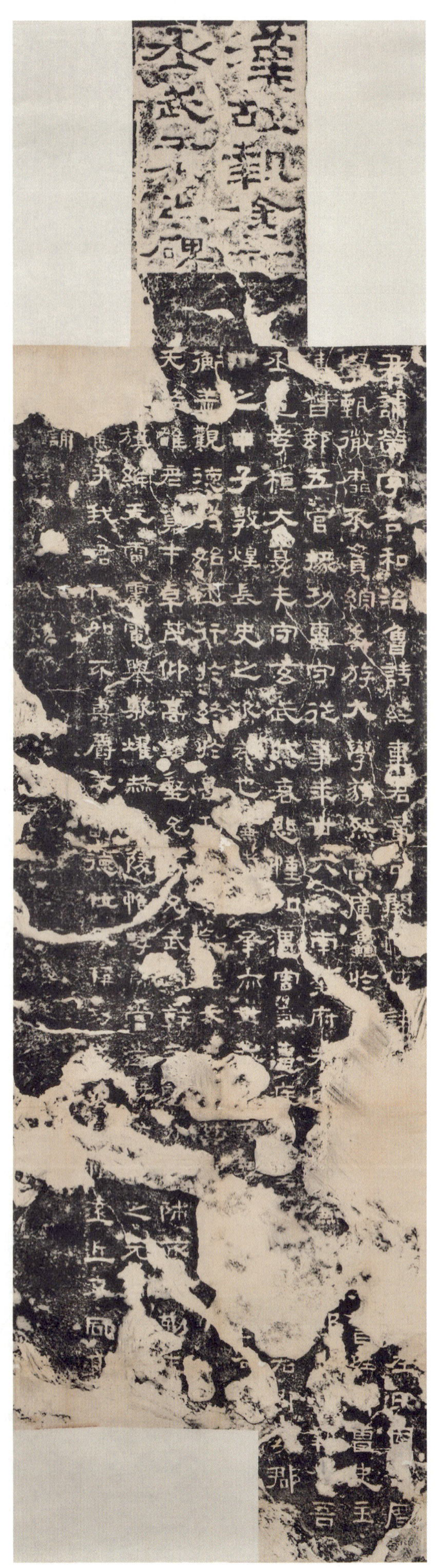

君諱榮字含和治魯詩經韋
學甄微靡不貫綜久斿大學
簿督郵五官掾功曹守從事
丞遭孝桓大憂屯守玄武慼
□之中子敦煌長史之次弟
衡□觀德□紹□行於□於
天□□□□千阜茂仰高□

衡方碑

漢建寧元年（168）

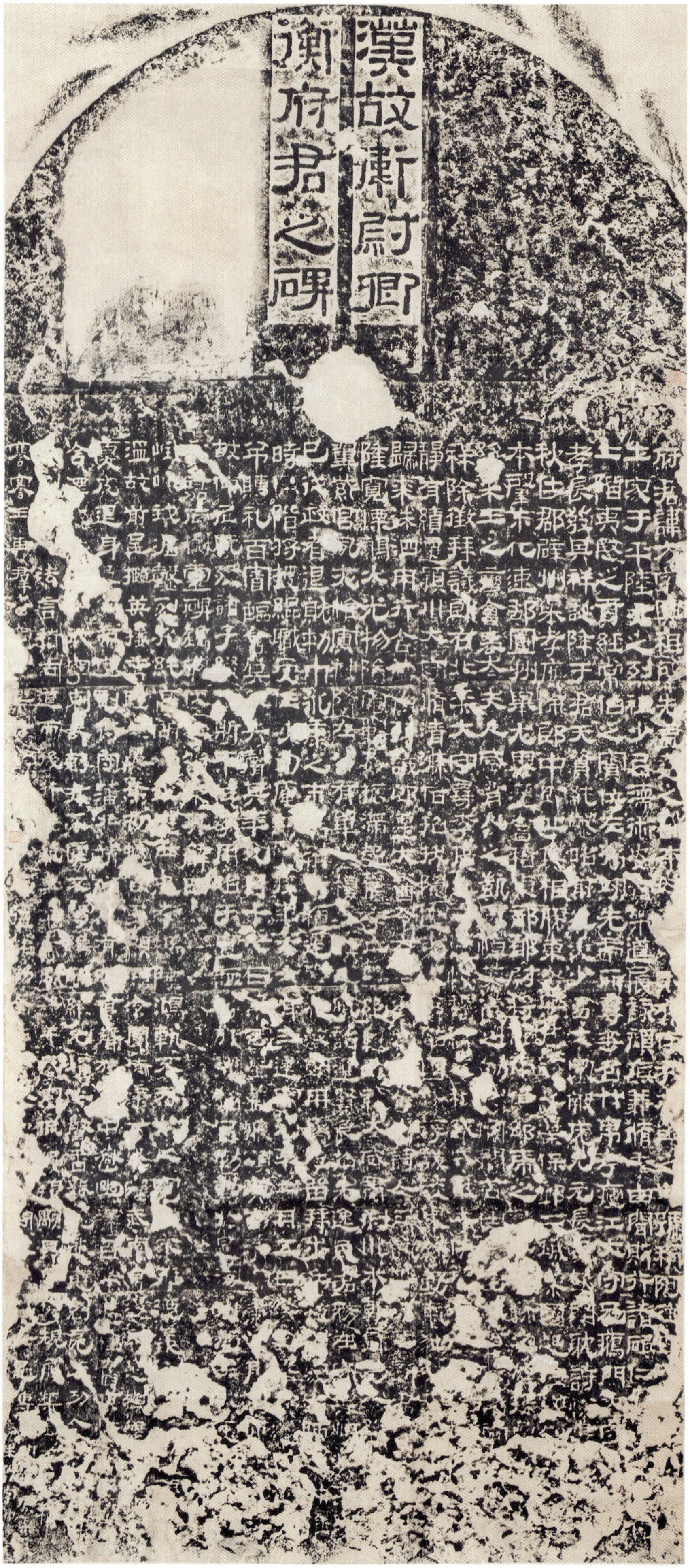

清拓　105cm×235cm

《衡方碑》，又稱《衛尉卿衡方碑》，漢建寧元年(168)立，今存山東泰安岱廟。碑陽，額隸書陽刻2行10字“漢故衛尉卿衡府君之碑”，額下有穿，正文隸書陰刻23行，滿行36字；碑陰較漫漶。翁方綱云：“此碑書體寬綽而潤，密處不甚留隙地，似開後來顔真卿正書之漸。勢在《景君銘》《鄭固》之間。”

府君諱方字興祖[illegible]先
生家于平陸[illegible]之
上留夷愍之胄
孝[illegible]發興祥誠降于
秋任郡辟州舉孝廉
本[illegible]朱化徒部國州
[illegible][illegible]王之[illegible][illegible]泰大
祥除徵拜議[illegible]石北
静有績[illegible]補以大[illegible]
歸來洙泗用行舍
隆寬[illegible]鳴大光[illegible]
鎮[illegible]宦元大[illegible]演
[illegible]政有追[illegible]

張壽碑

漢建寧元年（168）

民國拓　70cm×130cm

《張壽碑》，全稱《漢故竹邑侯相張君之碑》，東漢建寧元年(168)立，今存山東成武縣孔廟。南宋洪適《隸釋》録文，凡542字。至明代僅存上段16行，後鑿爲碑趺，損40字。此拓即爲《張壽碑》上段，隸書16行，行6～15字不等，中部方框爲鑿碑趺時損壞。碑左側有元人題跋。

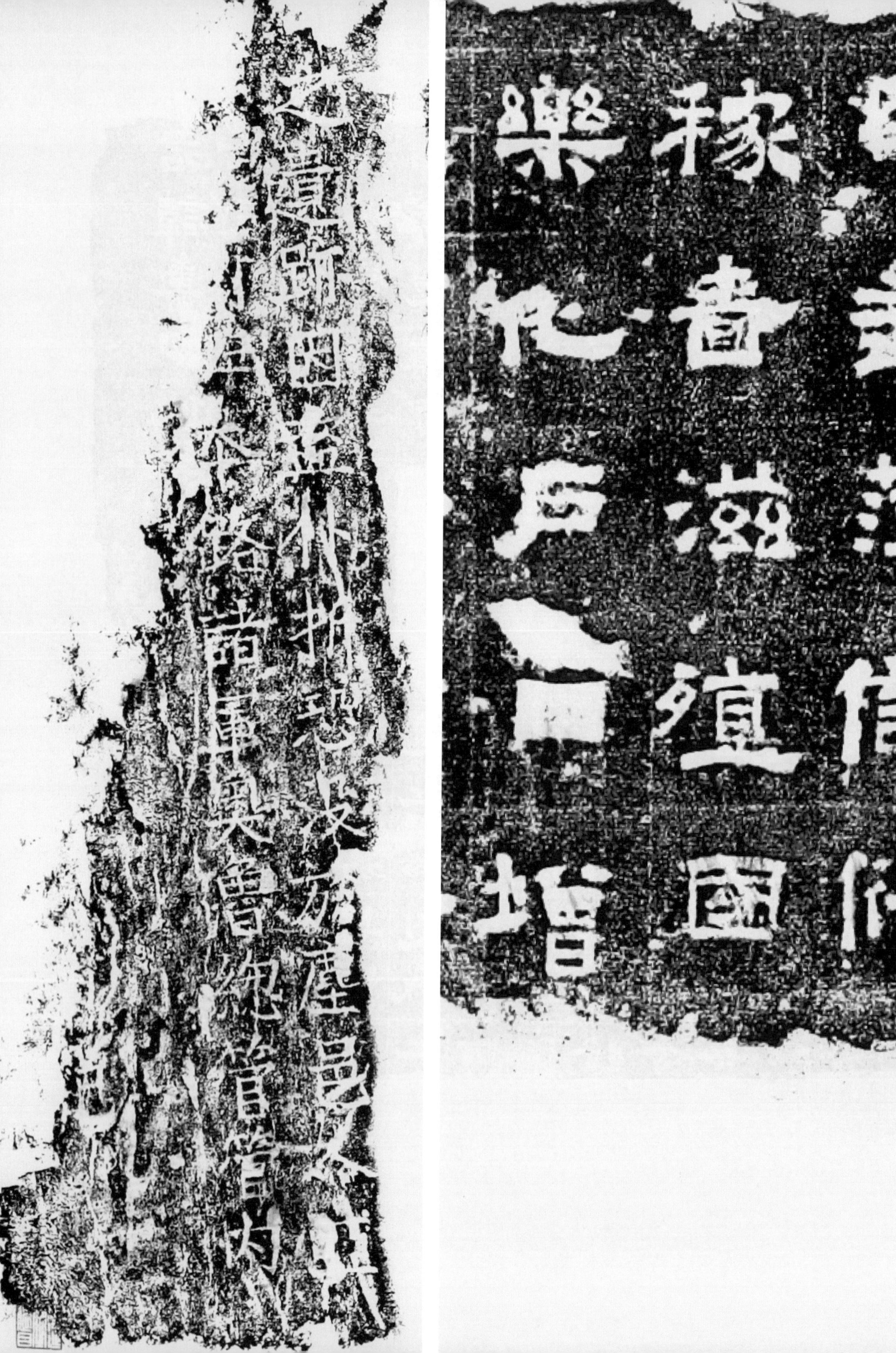

君諱壽字仲吾
孝友恭懿明允篤
匡國達賢登善濟
謁者贊衛王臣
栖遲德惇實

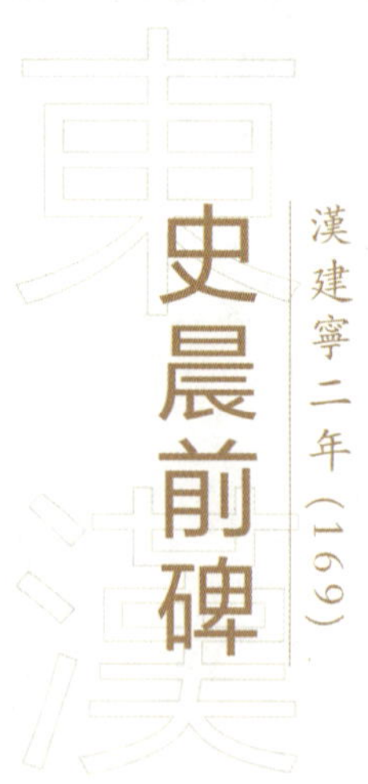

史晨前碑

漢建寧二年（169）

清末民初拓　85cm × 174cm

《史晨前碑》，又稱《魯相史晨奏祀孔子廟碑》《漢史晨奏銘》，東漢建寧二年（169）三月刻，今在山東曲阜孔廟。隸書 17 行，滿行 36 字。碑文記述奏請春秋祀孔廟及享禮之事。清方朔《枕經堂金石書畫題跋》：“書法則肅括宏渾，沉古道厚，結構與意度皆備，詢爲廟堂之品，八分正宗也。”

史晨後碑

漢建寧元年（168）

清末民初拓　85cm × 174cm

《史晨後碑》，又稱《魯相史晨饗孔子廟碑》《漢史晨謁孔廟後碑》，東漢建寧元年（168）四月刻，與《史晨前碑》同爲一碑。隸書 14 行，滿行 36 字。史晨前後碑書風一致，當爲一人手書。

相河南史君諱晨字伯時從越騎校尉拜建寧元年四月十一日戊子到官乃以令日拜謁孔子望見闕觀式路虔跽既至升堂屏氣拜手祗肅屑僾仿佛若在依依舊宅神之所安春秋復禮稽度玄靈而無公出享獻之薦欽因春饗導物嘉會述修璧雍社稷品制即上尚書參以符驗乃敢承祀餘胙賦賜刊石勒銘并列本奏大漢延期彌歷億萬時長史廬江舒李謙敬讓五官掾魯孔暢功曹史孔淮戶曹掾薛東門榮史文陽馬琮守廟百石孔讚副掾孔綱故尚書孔立元世河東大守孔彪元上處士孔褒文禮皆會廟堂國縣員冗吏無大小空府竭寺咸俾來觀并畔宮文學先生執事諸弟子合九百七人雅歌吹笙考之六律八音克諧蕩邪反正奉爵稱壽相樂終日於穆肅雍上下蒙福長享利貞與天無極史君饗後部史仇誧縣吏劉耽等補完里中道之周左牆垣壞決作屋塗色修通大溝西流里外南注城池恐縣吏斂民侵擾百姓自以城池道濡麥給令還所斂民錢材史君念孔瀆顏母井去市遼遠百姓酤買不能得香酒美肉於昌平亭下立會市因彼左右咸所願樂又勑瀆井復民餝治桐車馬於瀆上東行道表南北各種一行梓假夫子冢顏母井舍及魯公冢守吏凡四人月與佐除

建寧二年三月癸卯朔七日己酉魯相臣晨長史臣謙頓首死罪上尚書臣晨頓首頓首死罪死罪臣蒙厚恩受任符守得在奎婁周孔舊寓不能闡弘德政恢崇壹變夙夜憂怖累息屏營臣晨頓首頓首死罪死罪臣以建寧元年到官行秋饗飲酒畔宮畢復禮孔子宅拜謁神坐仰瞻榱桷俯視几筵靈所馮依肅肅猶存而無公出酒脯之祠臣即自以奉錢修上案食醊具以敘小節不敢空謁臣伏念孔子乾坤所挺西狩獲麟為漢制作故孝經援神挈曰玄丘制命帝卯行又尚書考靈燿曰丘生倉際觸期稽度為赤制故作春秋以明文命綴紀撰書脩定禮義臣以為素王稽古德亞皇代雖有褒成世享之封四時來祭畢即歸國臣伏見臨璧雍日祠孔子以大牢長吏備爵所以尊先師重教化也夫封土為社立稷而

肥致碑

漢建寧二年（169）

今拓　48cm × 97cm

《肥致碑》，全稱《河南梁東安樂肥君之碑》，東漢建寧二年(169)刻，1991年河南偃師南蔡莊出土，現存偃師商城博物館。碑暈首，額隸書“孝章皇帝”“孝和皇帝”等6行18字。正文隸書19行，滿行29字，有界格。

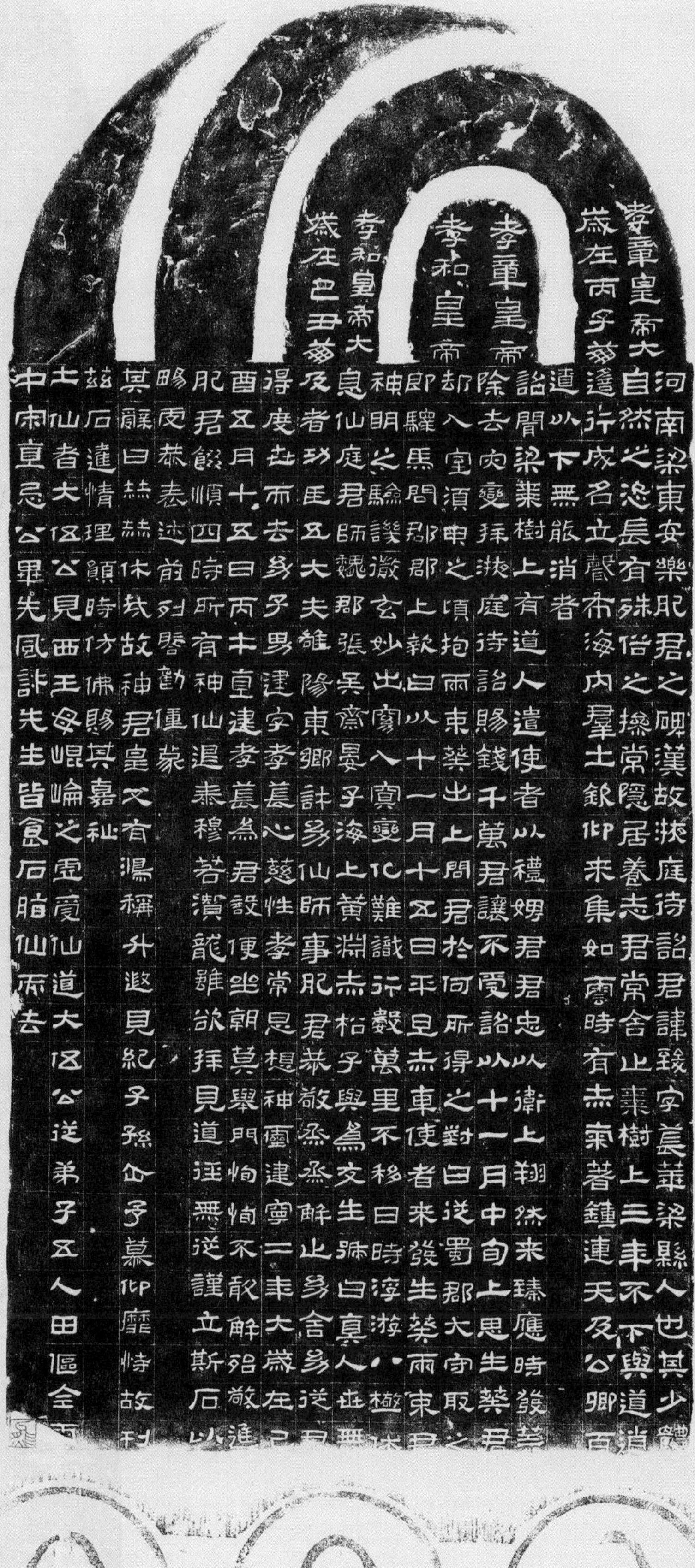

孝章皇帝大歲在丙子崩

孝章皇帝

孝和皇帝

孝和皇帝大歲在己丑崩

河南梁東安樂肥君之碑
漢故掖庭待詔君諱致字萇華梁縣人也其少體
自然之恣長有殊俗之操常隱居養志君常舍止棗樹上三年不下與道逍
遙行成名立聲布海內群士欽仰來集如雲時有赤氣著鍾連天及公卿百
遼以下無能消者
詔聞梁棗樹上有道人遣使者以禮娉君君忠以衛上翔然來臻應時發筭
除去灾變拜掖庭待詔賜錢千萬君讓不受詔以十一月中旬上思生葵君
却入室須臾之頃抱兩束葵出上問君於何所得之對曰從蜀郡太守取之
即驛馬問郡郡上報曰以十一月十五日平旦赤車使者來發生葵兩束君
神明之驗譏徹玄妙出窈入冥變化難識行數萬里不移日時浮游八極休
息仙庭君師魏郡張吳齊晏子海上黃淵赤松子與爲友生號曰真人世無
及者功臣五大夫雒陽東鄉許幼仙師事肥君恭敬蒸蒸解止幼舍幼從君
得度世而去幼子男建字孝萇心慈性孝常思想神靈建寧二年大歲在己
酉五月十五日丙午直建孝萇爲君設便坐朝暮舉門恂恂不敢解殆敬進
肥君餟順四時所有神仙退泰穆若潛龍雖欲拜見道徑無從謹立斯石以
暢虔恭表述前列啓勸偅蒙
其辭曰赫赫休哉故神君皇又有鴻稱升遐見紀子孫企予慕仰靡恃故刊
茲石達情理願時仿佛賜其嘉祉
土仙者大伍公見西王母崑崙之虛受仙道大伍公從弟子五人田傴全□
中宋直忌公畢先風許先生皆食石脂仙而去

東漢

肥君餟順四時所有神仙退泰穆
畧度恭表述前列啓勸僮蒙
其蘇曰赫赫休哉故神君皇又有
茲石達情理願時仿佛賜其嘉祉
土仙者大伍公見西王母崐崘之
中宋直忌公畢先風許先生皆食

孝章皇帝大
歲在丙子崩

孝章皇帝
孝和皇帝

孝和皇帝大
歲在己丑崩

河南梁東安樂肥君之碑漢故掖
自然之恣長有殊俗之操常隱居
遙行成名立聲布海內羣士欽仰
遼以下無能消者
詔聞梁棗樹上有道人遣使者以
除去災變拜掖庭待詔賜錢千萬
却入室須臾之頃抱兩束葵出上
即驛馬問郡郡上報曰以十一月
神明之驗譏徹玄妙出窈入冥變
息仙庭君師魏郡張吳齊晏子海
及者功臣五大夫雒陽東鄉許幼
得度世而去幼子男建字孝萇心

西狹頌

漢建寧四年（171）

今拓　320cm × 220cm

《西狹頌》，全稱《漢武都太守漢陽阿陽李翕西狹頌》，本名《惠安西表》，又稱《李翕頌》《黄龍碑》，東漢建寧四年（171）摩崖刻石，今在甘肅省成縣魚竅峽。額篆書“惠安西表”，正文隸書 20 行，滿行 20 字；小字隸書題名 12 行。右側爲《五瑞圖》。

黃龍

白鹿

甘露降

承露人

嘉禾

木連理

君昔在黽池，脩崤嶔之道，德治精通，致黃龍、白鹿之瑞，故圖畫其像。

[illegible]

記

漢武都太守漢陽阿陽李君諱翕字伯都天姿明敏敦詩悅禮膺祿美厚繼世郎吏幼而宿衛弱冠典城有阿鄭之化是以三剖符守致黃龍嘉禾木連甘露之瑞動順經古先之以博愛陳之以德義示之以好惡不肅而成不嚴而治朝中惟靜威儀抑抑督郵部職不出府門政約令行強不暴寡知不詐愚屬縣趍教無對會之事徼外來庭面縛二千餘人年穀屢登倉庾惟億百姓有蓄

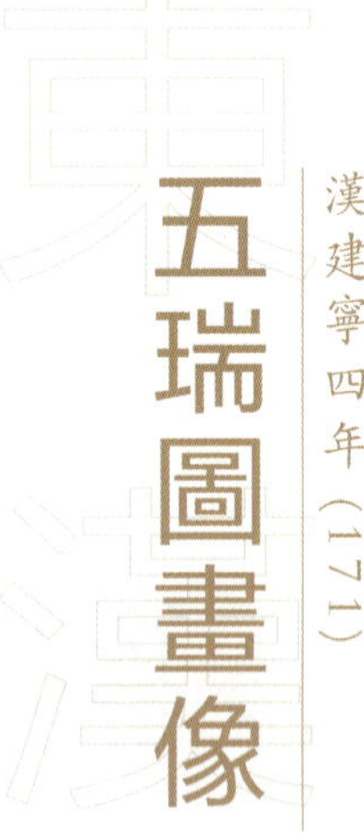

五瑞圖畫像

漢建寧四年（171）

今拓　100cm×210cm

畫像位于《西狹頌》右側，東漢建寧四年（171）摩崖畫像，分別刻繪“黄龍”“白鹿”“木連理”“嘉禾”“甘露降”及“承露人”圖像6幅和對應榜題6處15字。題記2行26字：“君昔在黽池，修崤嶔之道，德治精通，致黄龍、白鹿之瑞，故圖畫其像。”木連理下另有題名4行。

黄龍
白鹿
君昔在黽池修崤嶔之道德治精通致黄龍白鹿
之瑞故圖畫其像
木連理
嘉禾
甘露降
承露人

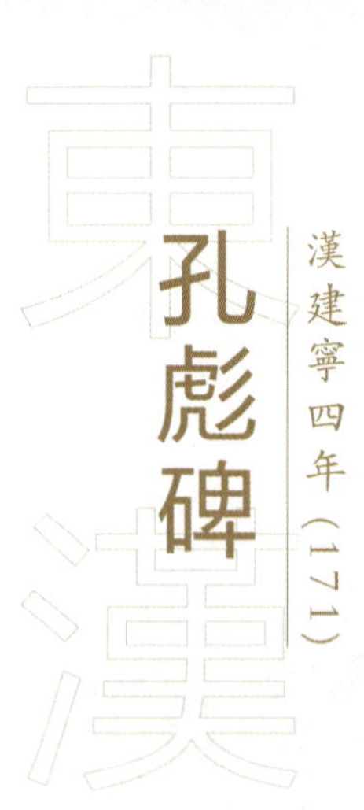

孔彪碑

漢建寧四年（171）

清末民初拓　87cm×190cm

《孔彪碑》，又稱《博陵太守孔彪碑》，東漢建寧四年（171）立，今存山東曲阜漢魏碑刻陳列館。碑陽，額篆書“漢故博陵大守孔府君碑”，正文隸書18行，滿行48字；碑陰題名，亦多漫漶。

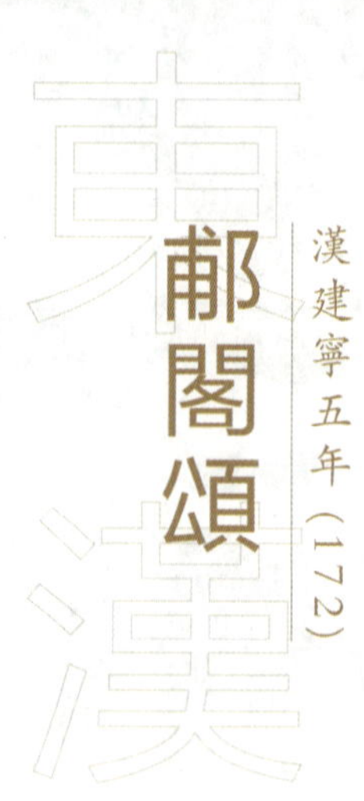

郙閣頌

漢建寧五年（172）

清末民初拓　116cm×172cm

《郙閣頌》，又稱《析里橋郙閣頌》，東漢建寧五年（172）摩崖刻石，原石在陝西略陽縣徐家坪嘉陵江西崖。1979年因修沿江公路，鑿遷時破壞，殘石黏合後嵌置于略陽靈岩寺。摩崖原有隸額“析里橋郙閣頌”，正文隸書19行，滿行27字。另有4行題名及摩崖左上均已泐損。《郙閣頌》承《褒斜》餘緒，儕視《衡方》《夏承》，開《樊敏》《張遷》之漸，又爲顔魯公章法、結體所宗。

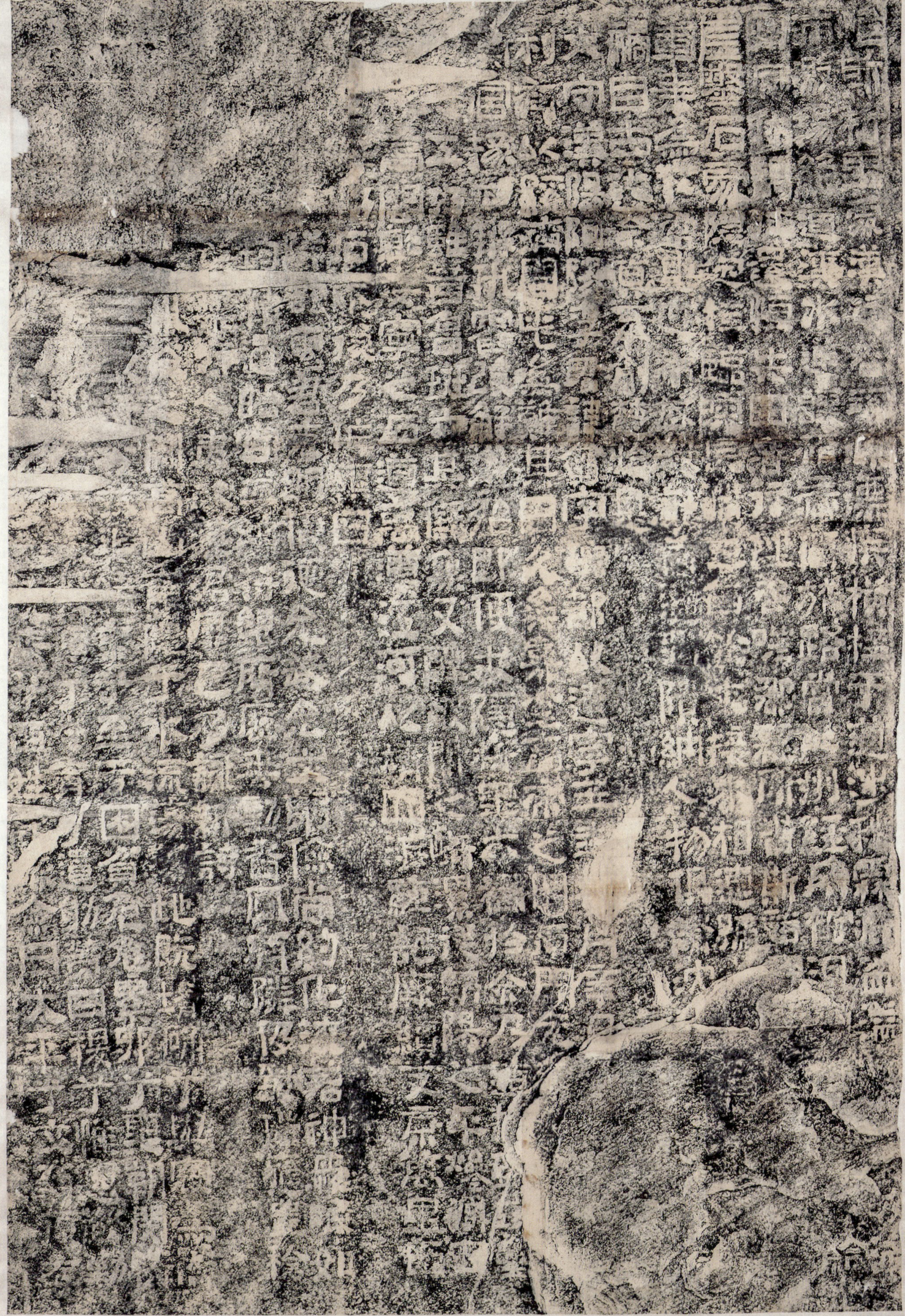

熹平元年殘碑

漢熹平元年（172）

今拓　70cm×72cm

《熹平元年殘碑》，東漢熹平元年 (172) 刻，近年出土于河南安陽漳河灘。碑殘存隸 15 行，行 16 字。熊長雲先生據首行辨得殘字有“字巨昭，其先出自魯嚴，嚴助之苗裔”，遂命名《嚴巨昭殘碑》。

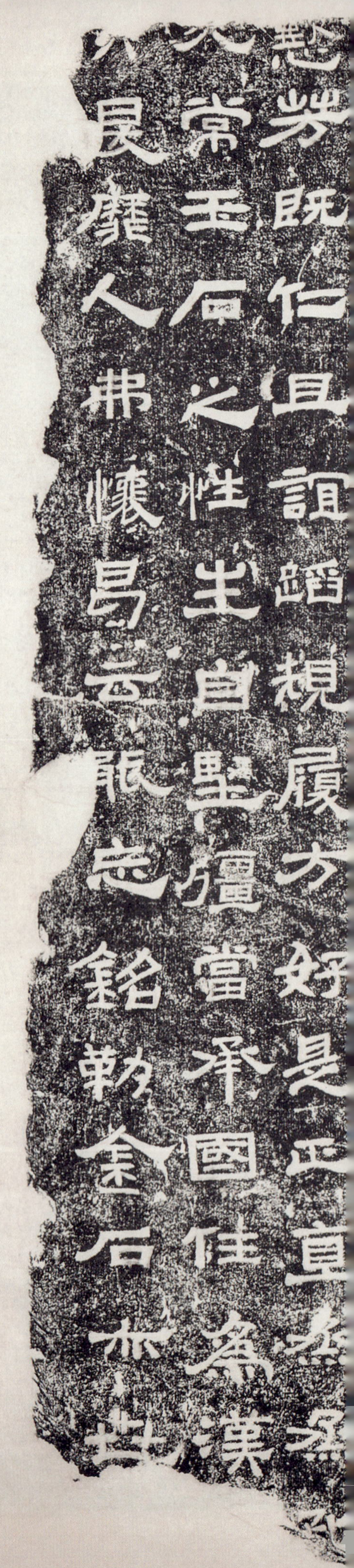

□巨眩其米□臣□肩肩且□□□
忠既明且喆敏而好善謙恭尚義慈愛敢
持嘗養老母昏定晨省出來易方反不違
誦外有晝閑至孝蒸蒸親殘後悲慟愈切
勤力昔身蹟閑艱院離此百患寄寓崎
陶白之英退循子荊居室之術致財千
九族牧拾孫寔澹給資糧婚媾鄉人莫不
足之分寬博宮衆本人懷附如歸冬日不
倕然守眞廉取不坐歲那不貪天雀既猶
薨平元年四月廿巳遘疾如卒謂仁者壽
嗣續其勳亂子二人龍雀承宣縕續褭道
感傷路人乃卜宅北安錯魂神構茲塋宇

熹平二年殘碑

漢熹平二年（173）

清拓　81cm × 65cm

《熹平二年殘碑》，又稱《熹平殘碑》，約刊于東漢熹平二年(173)，清乾隆五十八年（1793）出土于山東曲阜，今存曲阜漢魏碑刻陳列館。碑殘存隸書 7 行，行 1 ~ 15 字。碑左側有阮元、錢大昭、顧述、翁方綱等人題名。此拓不見道光戊戌孔昭薰等人題名，則拓本當在道光十八年（1838）之前。

舊搨

殘碑今藏曲阜孔廟

□□□□□□□□□□□時□隆□之中□
元戚桂丙名立歲著當捷自天之祐
之年廿有七熹平二年十一月乙未
府君君國清民以禮體風栓譽表德
嘉恩韓異盾芳麗異罔數書築古
君有命又以疾辭何輩宮倉降其
旻

乾隆癸丑十月元和試至曲阜黃司馬易訪得此石於東
郊，為告元摇土出之，審睇得七十三字，不全者七字，熹
平二年十二月乙未下遺字存少半，此年之年月就立殘年
月，尚睿峻年在熹平元年四月，碑立於二年四月也。□□□□
孔子廟以賢學者。學使詹事府詹事儀徵阮元識

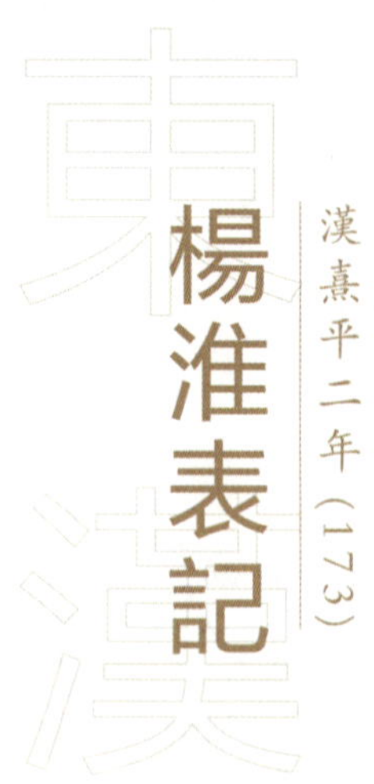

楊淮表記

漢熹平二年（173）

清拓　67cm×216cm

《楊淮表紀》，又稱《卞玉過石門頌表紀》，東漢熹平二年(172)摩崖刻石，原在漢中石門西壁，今鑿遷至漢中漢臺博物館。摩崖隸書7行，行16～26字不等，字徑5～7厘米。其書風雄古奇逸，參差樸拙。運筆蒼勁，如錐畫沙，字法簡約，隨意而安，與《石門頌》相類，而疎蕩過之。

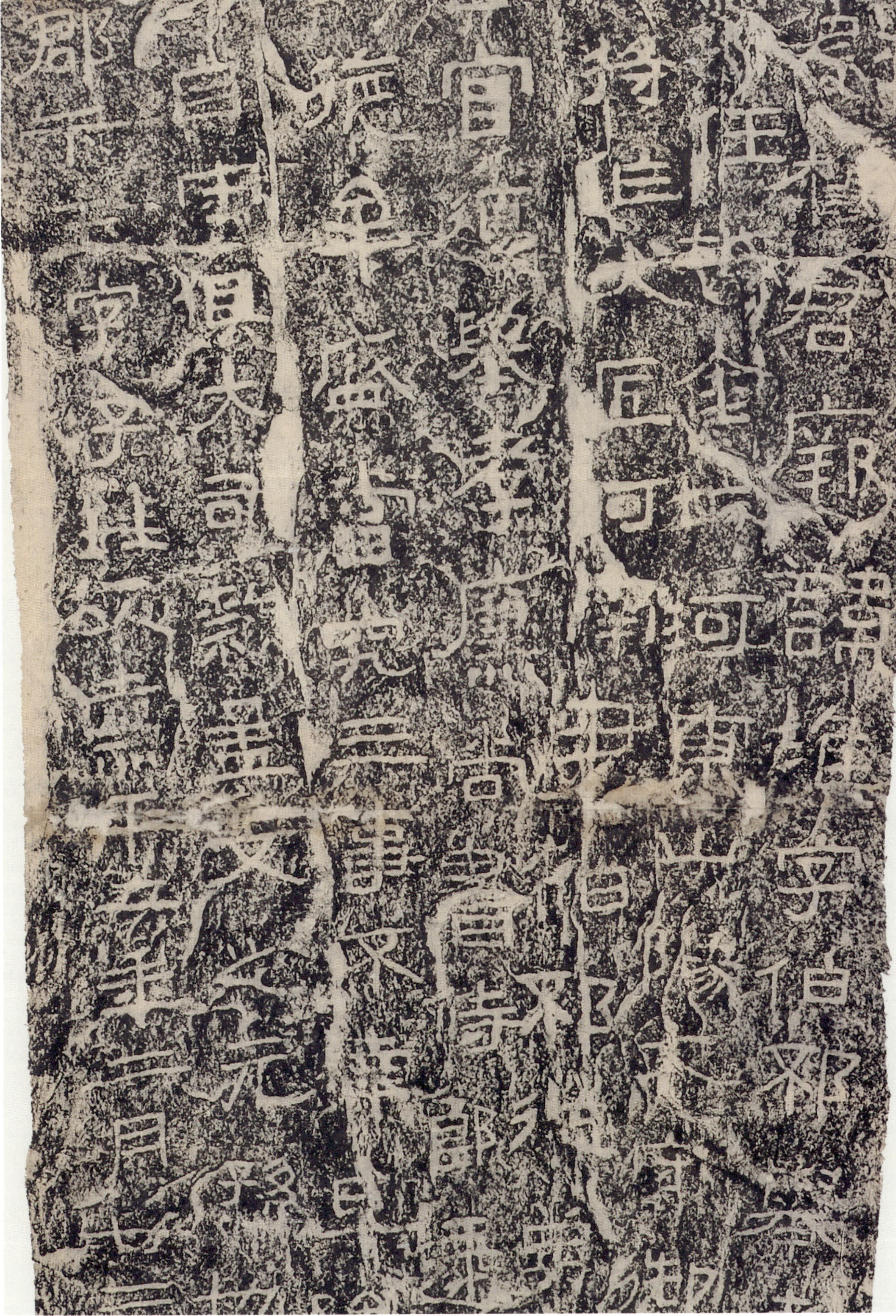

景雲碑

漢熹平二年（173）

今拓　80cm×182cm

《景雲碑》，全稱《漢巴郡朐忍令廣漢景君碑》，又稱《朐忍令景君碑》，東漢熹平二年(173)立，2004年于重慶市雲陽縣舊縣坪出土。碑圓首三暈，寬邊紋飾，有穿，額正中雕婦人半開門像，兩側雕羽人、神鳥像；碑兩側雕青龍、白虎像。正文隸書13行，滿行30字。

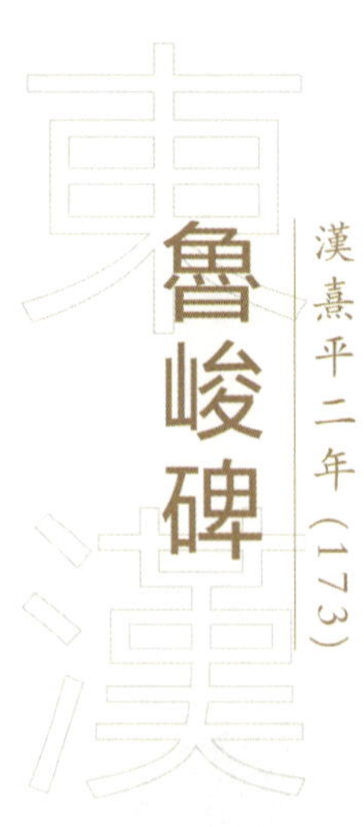

魯峻碑

漢熹平二年（173）

清拓　149cm × 289cm

《魯峻碑》，全稱《漢故司隸校尉忠惠父魯君碑》，又稱《司隸校尉魯峻碑》，東漢熹平二年 (173) 立，現存山東濟寧博物館。碑圭形，有穿。碑陽，額隸書 2 行“漢故司隸校尉忠惠父魯君碑”，正文隸書 17 行，滿行 32 字。碑陰題名 2 列，每列 21 行。郭宗昌謂“書法峭峻古雅”，萬經云“字體方整勻淨”，楊守敬評爲“豐腴雄偉”。

君諱[illegible]其先[illegible]公之顧[illegible]
銘也[illegible]孫脩[illegible]之子體純[illegible]
[illegible]博[illegible]葉學[illegible]大[illegible]守[illegible]爲[illegible]
[illegible]祝事[illegible]有何[illegible]如[illegible]
[illegible]清[illegible]黃[illegible]唐[illegible]流[illegible]九[illegible]禮
[illegible]有[illegible]信[illegible]南之[illegible]歌[illegible]
[illegible]長[illegible]不爲[illegible]自[illegible]
[illegible]實[illegible]門[illegible]
[illegible]乾[illegible]
[illegible]東[illegible]明[illegible]君[illegible]惠[illegible]
[illegible]民[illegible]盛[illegible]
何[illegible]有[illegible]
[illegible]戰[illegible]常[illegible]惠令[illegible]
[illegible]山[illegible]晉司[illegible]清[illegible]
[illegible]水[illegible]
凡[illegible]君子[illegible]

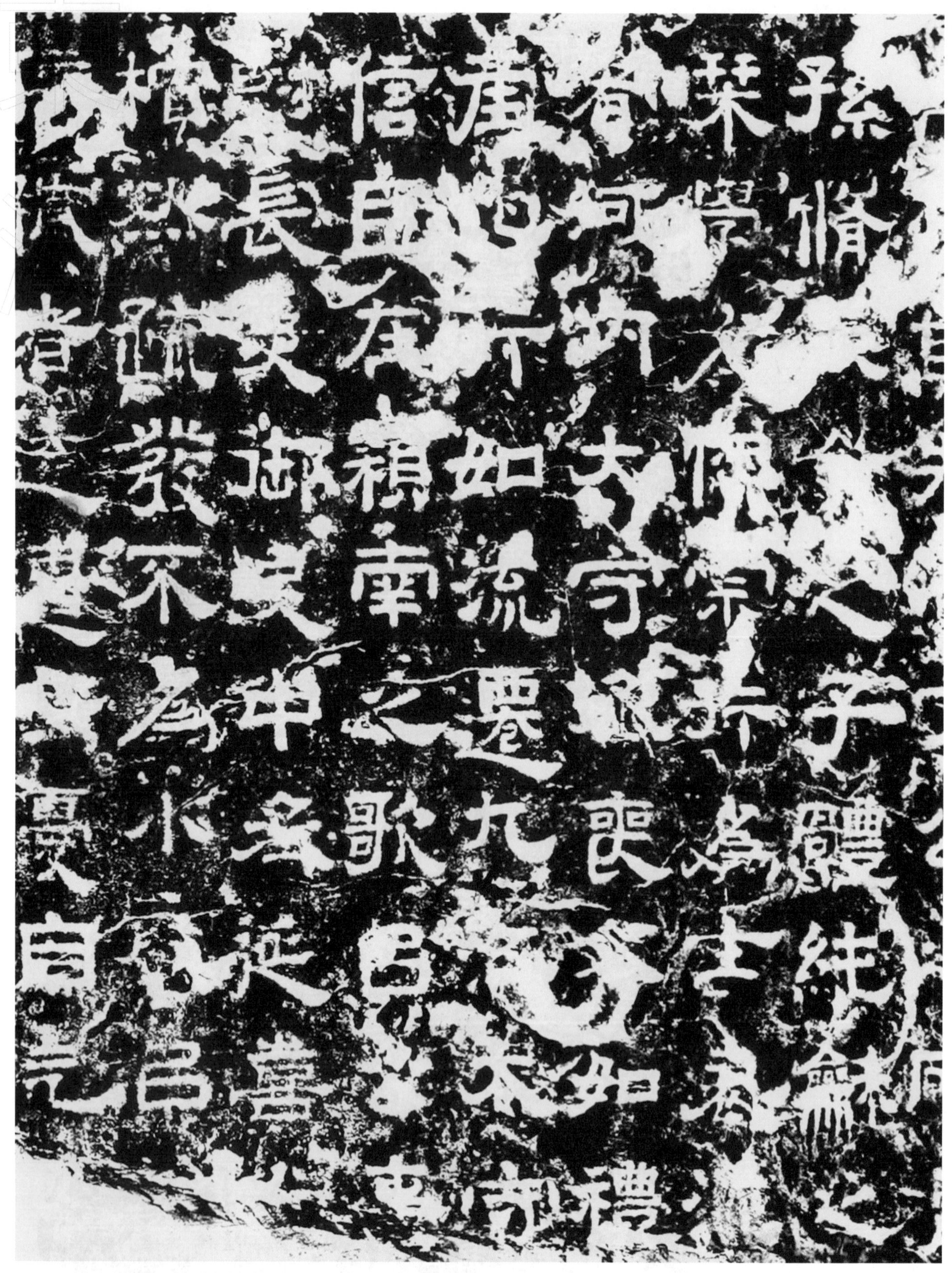

門生濟陰定陶[illegible]子然五百

門生任城樊兒旄大年五百

門生平原樂陵路福世輔三百

門生魯國汶丘李牧君伯三百

門生魯國[illegible]陽王輔子助五百

門生任城任城周普妙高五百

門生任城任城吳盛子興三百

門生勃海重合梁恪斿節三百

門生河間成東鄉[illegible]子[illegible]

門生河間成東鄉萇公[illegible]

門生平原西平昌劉香[illegible]

門生平原般張詡伯敦二[illegible]

門生陳留尉氏夏純子思[illegible]

門生濟陰乘氏許仁伯[illegible]

門生濟陰[illegible]孫周維元[illegible]

義士梁國[illegible]陵[illegible]

伯興妻殘碑

漢熹平三年（174）

今拓　32cm×86cm

《伯興妻殘碑》，東漢熹平三年(174) 刻石，1980 年，山東棗莊市張山子發現，今存棗莊市博物館。殘存隸書 5 行，行 13 ~ 14 字，計 69 字，字徑 4 厘米。

熹平三年八月丙[illegible]朔廿四日[illegible]

陳翶[illegible]力[illegible]盡閧[illegible]夫之[illegible]道[illegible]

是於綿駒左[illegible]書[illegible]資右書[illegible]梁

伯興妻陘[illegible]迍寒閉終盤恵和鳴[illegible]

幸早殘惡失兄身年退和翁[illegible]不

耿勛表

漢熹平三年（174）

今拓　145cm×260cm

《耿勛表》，全稱《漢武都太守耿君表》，又稱《耿勛碑》，東漢熹平三年（174）摩崖刻石，今存甘肅省成縣西狹東段峽谷北側岩壁。額隸書1行“武都太守耿君表”，正文隸書22行，滿行22字，凡455字，字徑6厘米。《耿勛表》書法體質古樸，結字舒闊，運筆穩健。翁方綱稱“雖與《郙閣》大小相埒，而疎泐之中仍具勁逸之勢”，楊守敬謂“與《西狹頌》《郙閣頌》相似，而稍帶奇氣”。

韓仁銘

漢熹平四年（175）

清拓　99cm×199cm

《韓仁銘》，全稱《漢循吏故聞憙長韓仁銘》，又稱《聞憙長韓仁銘》，東漢熹平四年（175）立，金正大年間被滎陽令李輔之發現，清康熙間亡佚，重新發現後置滎陽縣署，今存河南博物院。額篆2行"漢循吏故聞憙長韓仁銘"，額下有穿，碑文隸書居右側，隸書8行，行18～19字，可辨文字149字。碑左側爲金正大五年（1228）趙秉文和正大六年（1229）李天翼跋語。

漢循吏故聞憙長韓仁銘
熹平四年十一月甲子朔廿二日乙酉司隸
河南尹校尉空閣典統非任
仁前在聞憙經國以禮刑政得中有子產君
尉表上遷槐里令除書未到
祀則祀之王制之禮也書到郡遣吏以少牢祠

熹平石經序殘石

漢熹平年間

民國拓　32cm × 59cm

《熹平石經序殘石》，東漢熹平年間刻，河南洛陽出土。殘碑存隸書 8 行，行 10 ~ 17 字。以銘文“經本各一通，付大常諸……及傳記論語即詔所校定……巡欲鑿石，正書經字，立于大學”諸文字觀之，疑此爲《熹平石經序》。

古漢遺光

此漢熹平石經殘石之一，文刻春秋衛靈公篇，亦所見殘石中多字之一種，其書寬博茂密，似見摩崖刻石氣象。丙申十月杪　老樵識

以經本各一通可太常
子府毀所不知書甫解難固
久久傳記論語郎諮所技定以冬同
外實論堂以系當試壹勞而久逸暫書正
人張路司空善集曹掾周達廣尹印雜議
隱之士蔚椽聖術說難傳義文指倂暘以
之惟也迦部鑿石正書經字立於大學絕言
文隆暑來赫非倉辛所成可頁秋涼收

此舊拓也，得之不易，宜長寶永久。雙平先生珍藏屬題　老樵趙熊記

熹平石經·易經殘石一（正面）

漢熹平年間

今拓

《熹平石經·易經殘石一》，東漢熹平年間刻，1923年河南洛陽出土。原爲一石，斷裂爲二，上半存上海博物館，下半藏西安碑林博物館。其正面刻《易經》乾卦等，背面刻睽卦等。正面存字20行，背面存字28行，文可連讀。

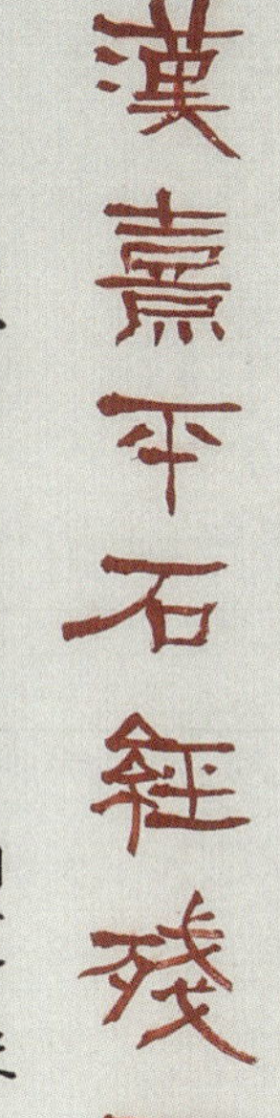

漢熹平石經殘石

漢熹平石經煌煌巨製，其毀之久矣。民國間始于洛陽太學遺址發現碎碎殘石，大小支離，不復當年勝狀。殘石迭存據稱過百之數，而此拓為存字最多者。石斷為二，存後藏家今售于滬上李氏及于髯翁，而髯翁捐贈于西安碑林。殘石所留為易經章節，此乃分售前舊拓，二石合一，存世未多，尤見珍稀。雙平先生雅好古物，苦心蒐求訪得，屬題。戊戌新秋 老濤識

熹平石經·易經殘石一（背面）

東漢

漢熹平年間

今拓

《熹平石經·易經殘石一》，東漢熹平年間刻，1923年河南洛陽出土。原爲一石，斷裂爲二，上半存上海博物館，下半藏西安碑林博物館。其正面刻《易經》乾卦等，背面刻睽卦等。正面存字20行，背面存字28行，文可連讀。

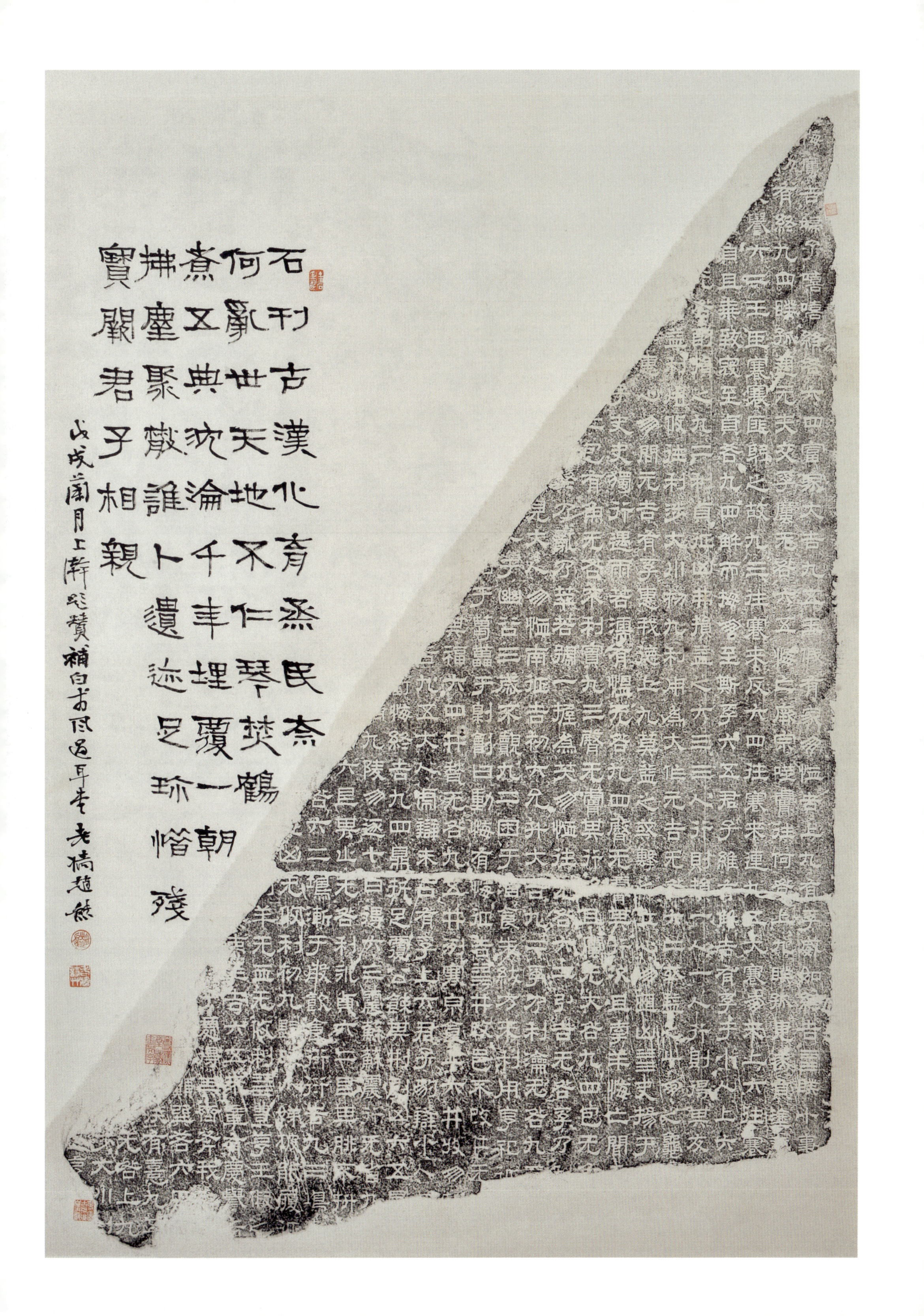

石刊古漢化育烝民奈
何亂世天地不仁琴焚鶴
煮五典沉淪千年埋覆一朝
拂塵聚散誰卜遺迹足珍惜殘
寶翫君子相親

戊戌蘭月上澣題贊補白書於過耳香 老楠趙然

熹平石經·易經殘石二

漢熹平年間

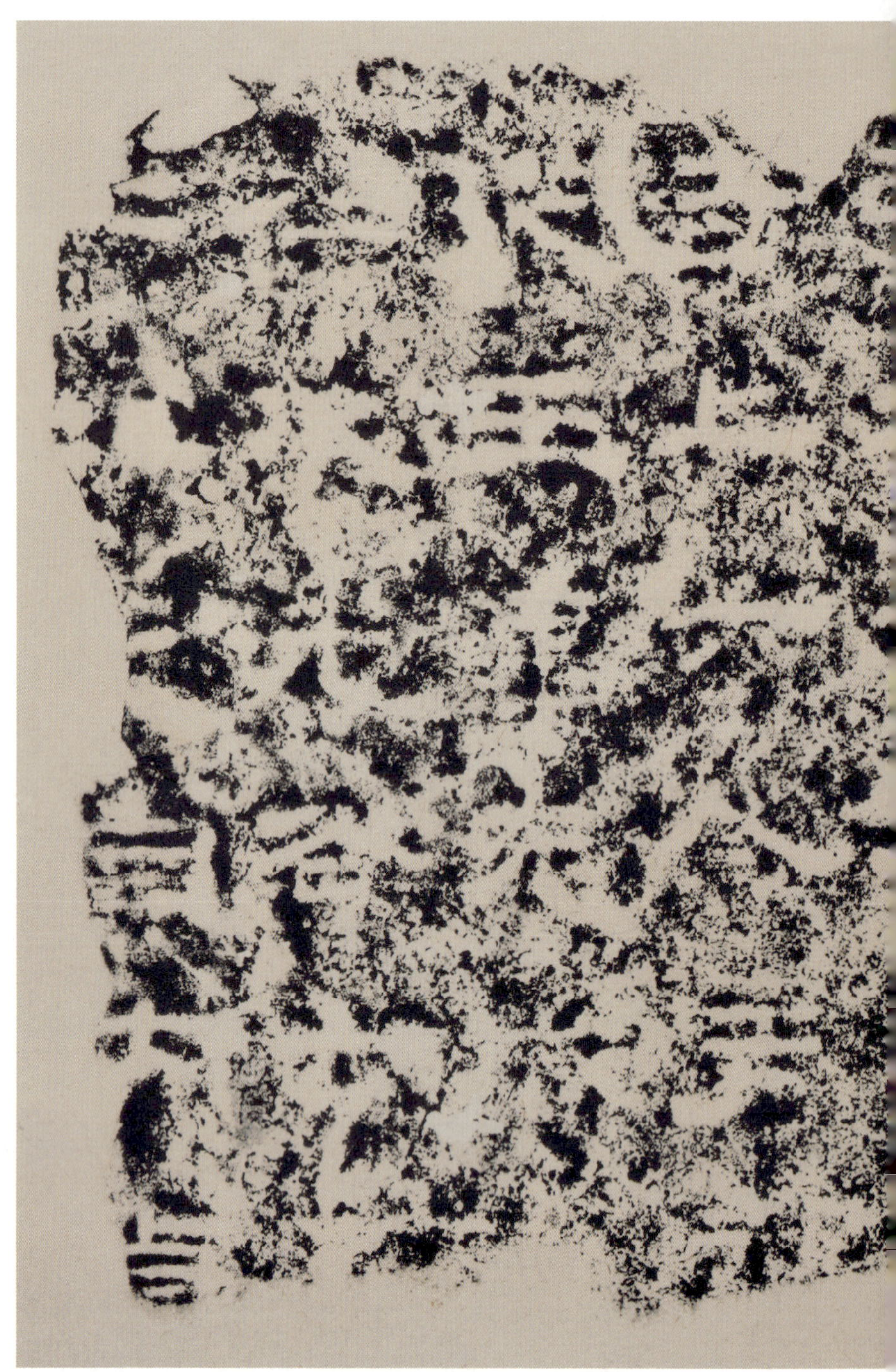

民國拓

《熹平石經·易經殘石二》，東漢熹平年間刻，河南洛陽出土，今存洛陽博物館。馬衡考爲《易·上經·蒙》至《比卦》及《易校記》。

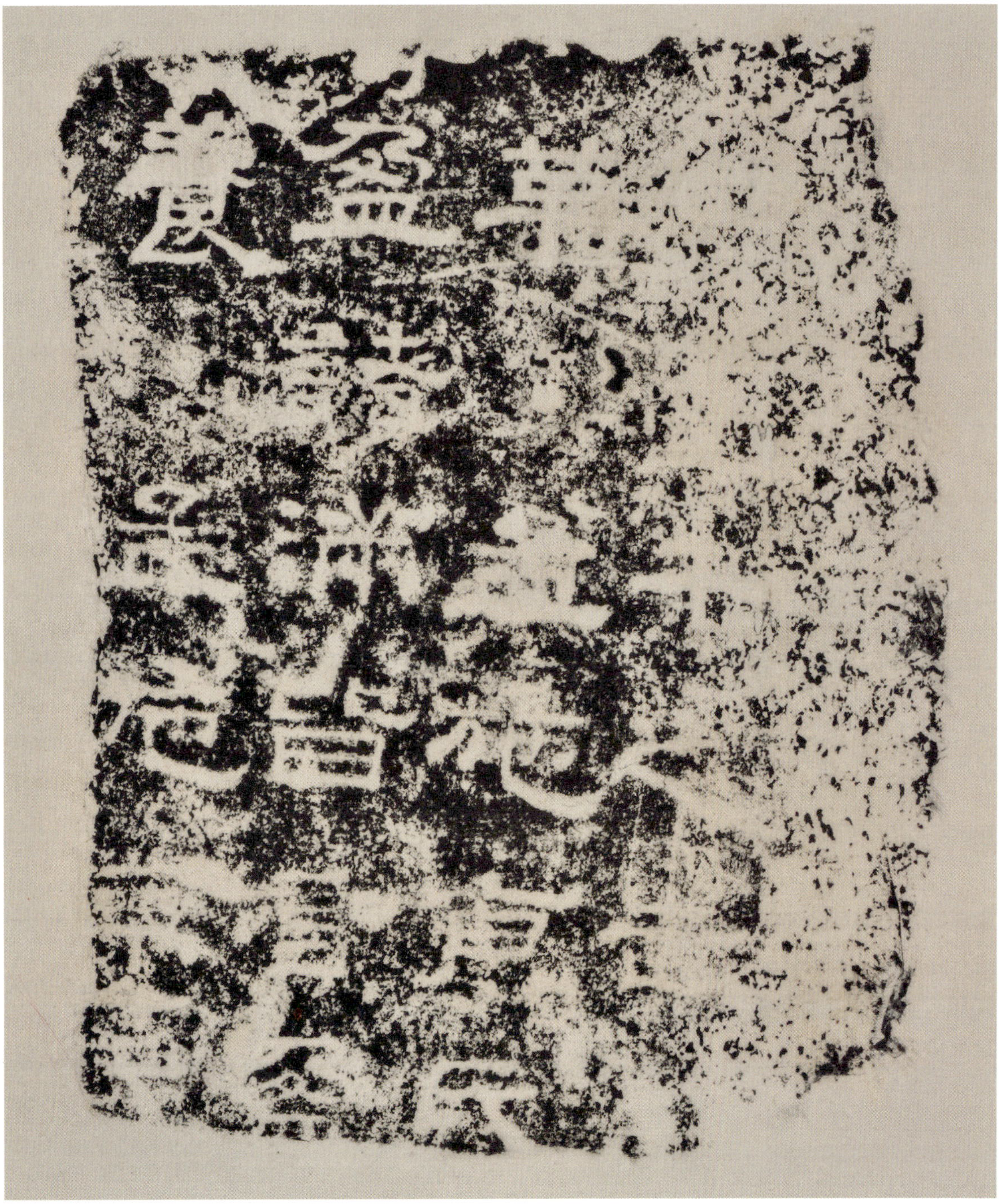

東漢 熹平石經·論語殘石一

漢熹平年間

民國拓

《熹平石經·論語殘石一》，東漢熹平年間刻，河南洛陽出土。殘石存隸書 3 行，行 3 ~ 14 字。文曰：“孟郁之 / 夫子删詩書，定禮樂，欲 / 舊章平議，餘所施行，有益時要……”

漢熹平石經殘石之一

漢熹平石經原立于洛陽太廟前然毀時已久今之所見殘石多為民國時所出土者廣者或存字逾百狹者僅數字或十數字而已不復見完璧之盛矣此石雖尺幅稍廣然大半殘蝕損壞存字寥寥令人惜惋漢平君雅好古歡斥金蒐求存世之石經殘石拓本喜有所獲後之見者當共之同珍也 丁酉菊月 老情趙熊識

云是中郎筆力，太廟東都陳蹟。一剎散雲煙，典則更無完璧。殘石，殘石，留贖且珍且惜。

右調如夢令

丁酉九月既望 夙遇可常主人 老情又題於長安

熹平石經·論語殘石二

東漢

漢熹平年間

清李經邁藏拓

《熹平石經·論語殘石二》，東漢熹平年間刻，河南洛陽出土。殘石存隸書13行，行10～13字，内容爲《論語·述而第七》。鈐有“袌經室藏石”“合肥李氏望雲草堂珍藏金石書畫之章”二印。

漢熹平石經之論語殘石

隸書之變肇始戰國晚期至後漢已臻獨立成體其以官製碑誌銘刻為典型於民間書寫則未必盡見近出諸種下層或民間書刻文字遺迹頗多篆隸雜糅之體旋知文化興替之不易哉熹平石經皇皇巨製世傳為蔡邕所書實則前人之考為多人集書而成內中或有蔡氏筆迹終不可細辨乎此舊拓論語刻石為迄今所見熹平石經殘石多字者一種古漢遺光猶耀今時雙平先生得之寶之鄭重屬題 丙申十一月朔

老憍題 熊識于長安

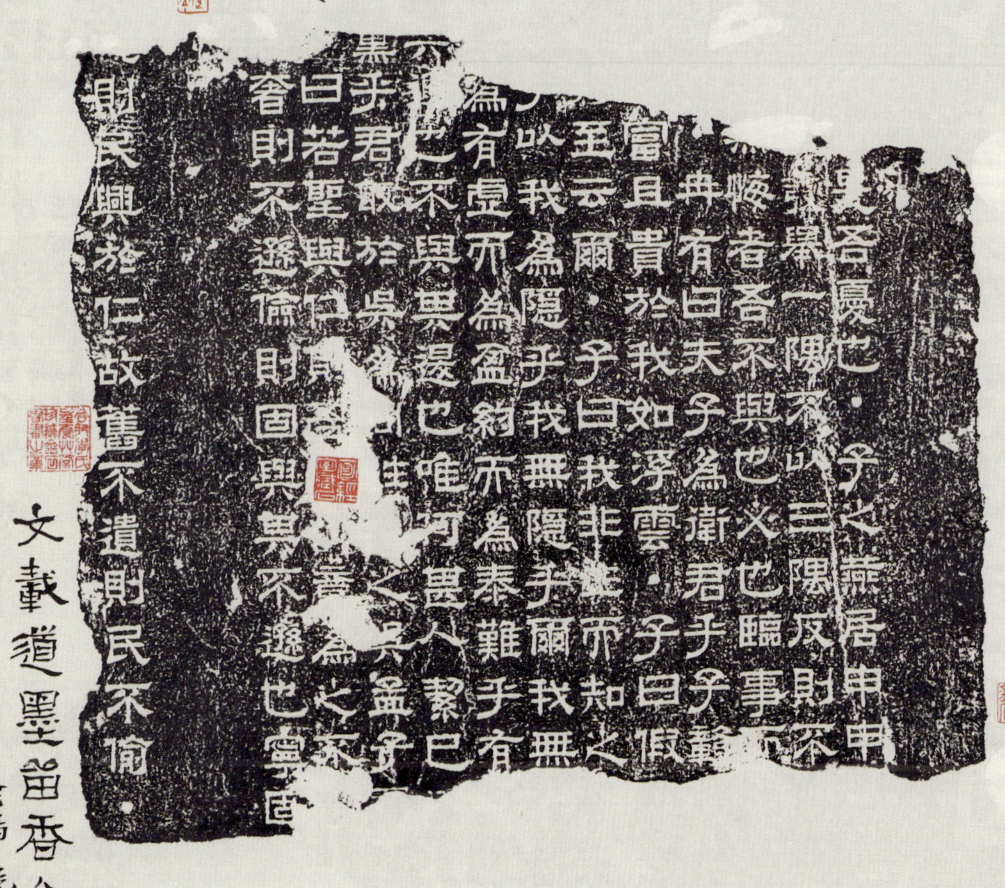

文載道墨留香金石壽大吉祥

老憍又題

不與其退也唯何甚人絜

敢於其為□生□其盈

聖與仁則□□□□豈爲之

不遜儉則固與其不遜也

興於仁故舊不遺則民不

是吾憂也・子之燕居申
發舉一隅不以三隅反則
悔者吾不與也必也臨事
冉有曰夫子為衛君乎子
且貴於我如浮雲・子曰
云爾・子曰我非生而知
我為隱乎我無隱乎爾我

東漢

熹平石經·論語殘石三

漢熹平年間

清李經邁藏拓

《熹平石經·論語殘石三》，東漢熹平年間刻，河南洛陽出土。殘石存隸書14行，行6～15字，内容爲《論語·恒解》《論語·衛靈公》。鈐有“袍經室藏石”“合肥李氏望雲草堂珍藏金石書畫之章”二印。

漢熹平石經之論語殘石

風過耳堂主人題耑

古漢遺石 片羽吉光
分書儀儀 論語殘章
阯制遠跡 寄名蔡郎
刊刻傳文 奈何毀傷
文之不存 民之彷徨
立國有本 枝葉茂昌
精華當辨 舍短取長
與時俱化 神采高揚

此漢熹平石經論語殘篇之一種 世存石經殘石本多而多字者尤稀見 此為其一 又系舊拓 堪稱珍貴

丙申十月杪 老情獲觀并識 倪語

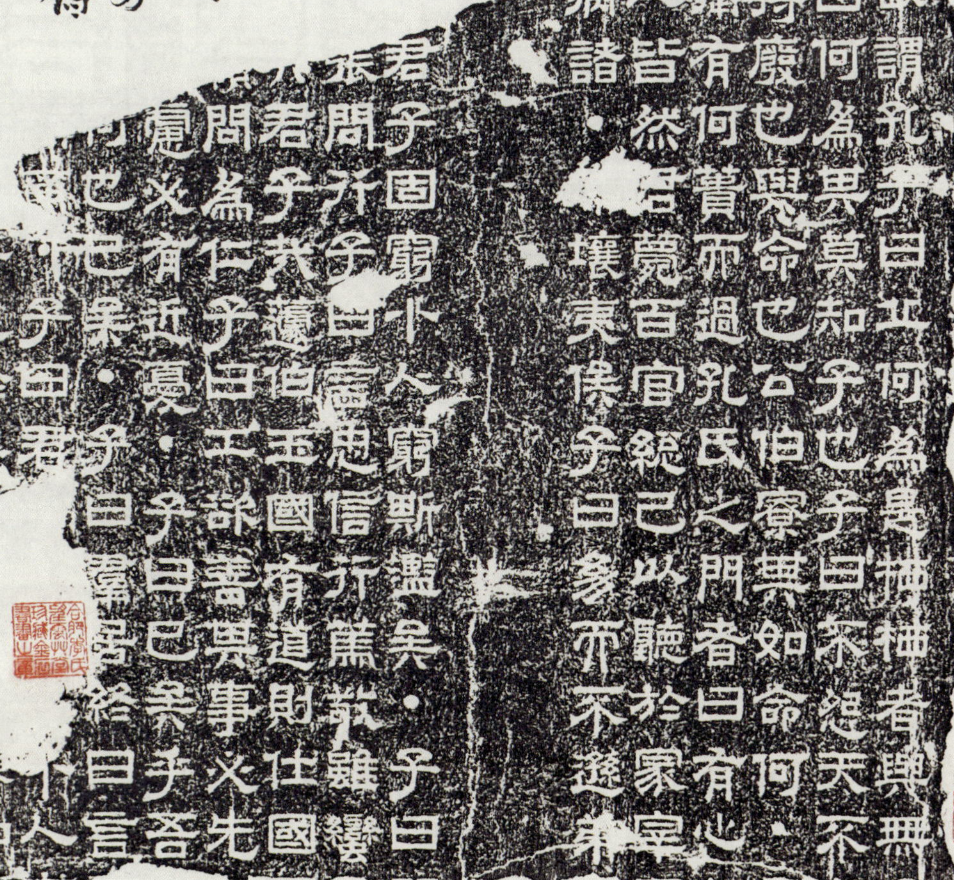

固窮小人窮斯濫矣・子曰
行子曰言忠信行篤敬雖蠻
子哉蘧伯玉國有道則仕國
為仁子曰工欲善其事必先
必有近憂・子曰已矣乎吾
也已矣・子曰羣居終日言
[illegible]吾人合[illegible]言

子曰丘何為是栖栖者與無

其莫知子也子曰不怨天不

與命也公伯寮其如命何

蕢而過孔氏之門者曰有心

君薨百官總己以聽於冢宰

壤夷俟子曰幼而不遜弟

東漢

熹平石經·春秋殘石

漢熹平年間

民國拓

《熹平石經·春秋殘石》，東漢熹平年間刻，河南洛陽出土。碑陽，存隸書19行，行10～20字，内容主要爲《春秋·左傳》。碑陰，存隸書18行，行8～20字，内容有《春秋·左傳》《春秋·説略》等。

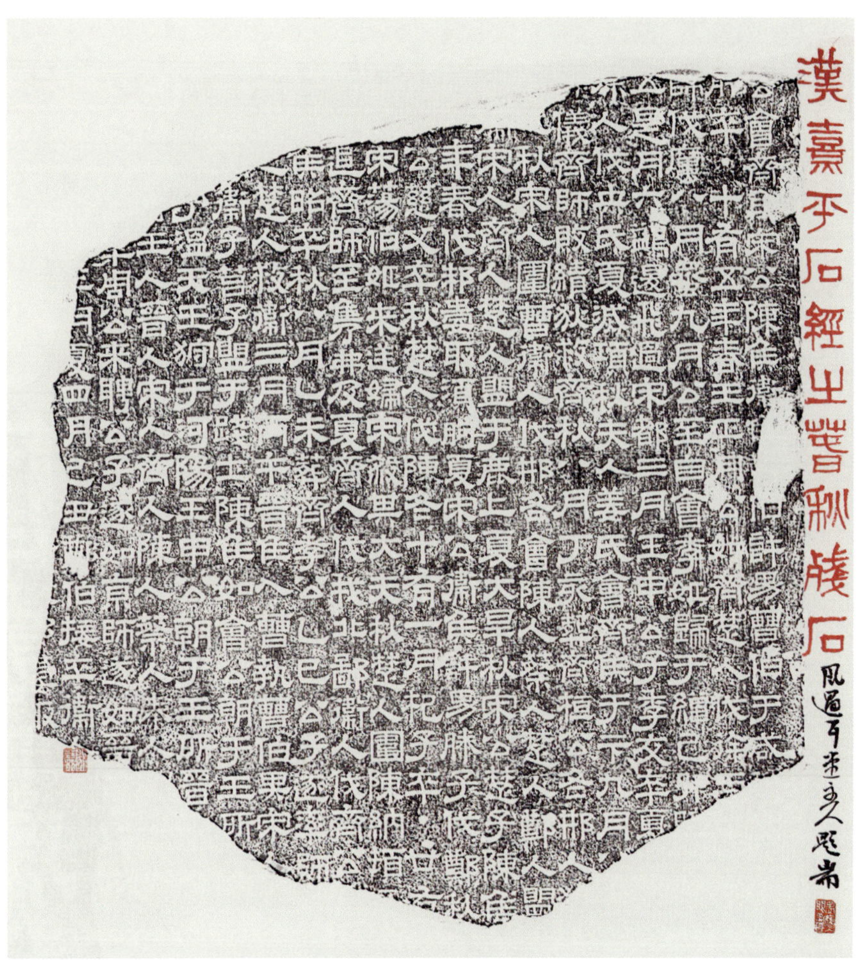
漢熹平石經春秋殘石
風過耳堂主人題耑

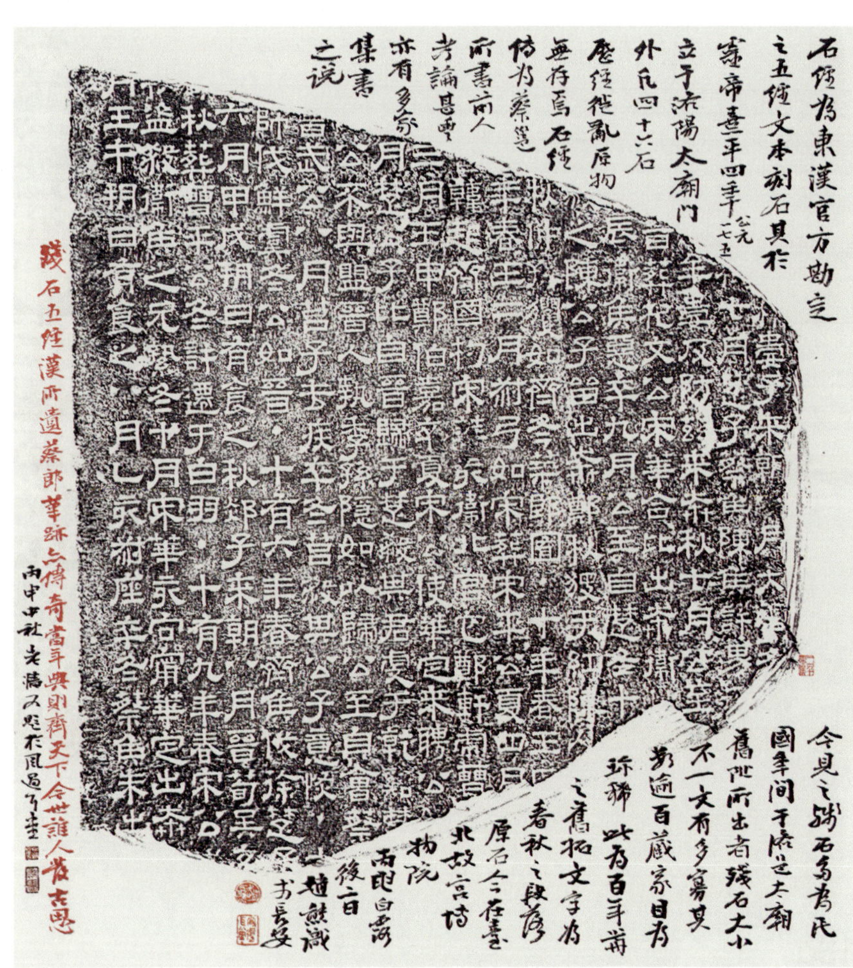
石經為東漢官方勘定之五經文本刻石具於靈帝熹平四年（公元一七五）立于洛陽太廟門外凡四十六石歷經戰亂原物無存焉石經傳為蔡邕所書前人考論甚豐亦有多家集書之說
今見之殘石多為民國年間于洛陽太廟舊址所出者殘石大小不一文有多寡其影迹百藏家目為珍稀此為百年前之舊拓文字為春秋之段落原石今存臺北故宮博物院
丙申白露後二日
趙熊識于長安
殘石五經漢所遺蔡郎筆跡亦傳奇當年輿尉齊天下今世誰人發古思
丙申中秋老樵又題於風過耳堂

楚人救衛三月丙午晉侯入曹執曹伯畀宋
衛子莒子盟于踐土陳侯如會公朝于王所
溫天王狩于河陽壬申公朝于王所晉
王人晉人宋人齊人陳人蔡人秦人
周公來聘公子遂如京師遂如晉
十二月夏四月鄭伯捷卒衛

會齊侯宋公陳侯衛侯鄭伯許男曹伯于咸
卒・十有五年春王正月公如齊楚人伐徐
伐厲八月螽九月公至自會季姬歸于鄫己
是月六鷁退飛過宋都三月壬申公子季友卒
人伐英氏夏滅項秋夫人姜氏會齊侯于卞九月
甗齊師敗績狄救齊秋八月丁亥葬齊桓公冬邢
秋宋人圍曹衛人伐邢冬會陳人蔡人楚人鄭
而宋人齊人楚人盟于鹿上夏大旱秋宋公楚子
年春伐邾婁取須句夏宋公衛侯許男滕子伐
公慈父卒秋楚人伐陳冬十有一月杞子卒・
宋蕩伯姬來逆婦宋殺其大夫秋楚人圍陳納
追齊師至嶲弗及夏齊人伐我北鄙衛人伐齊

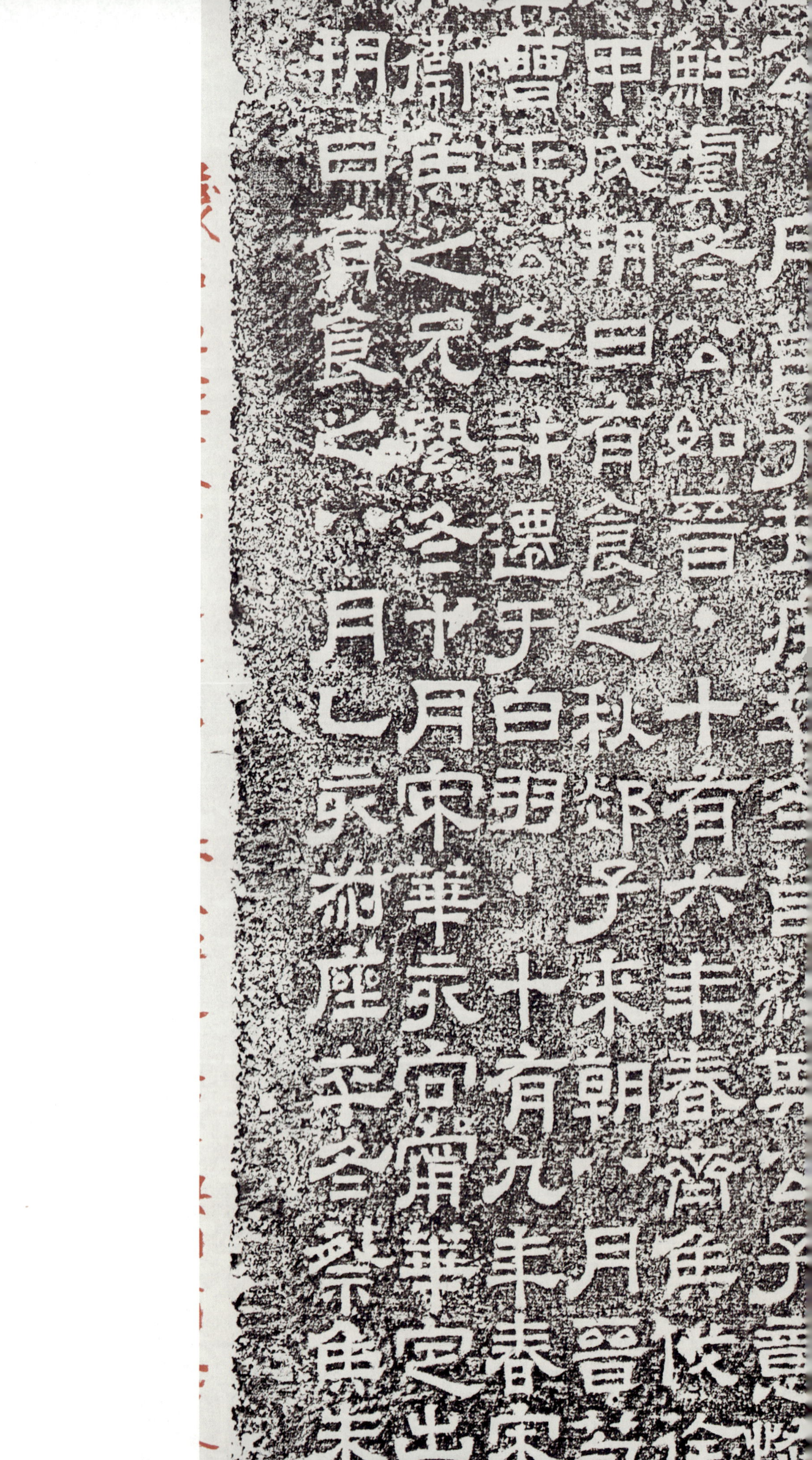

武都太守殘碑

約漢光和二年（179）

民國拓　44cm×109cm

《武都太守殘碑》，疑爲樊毅所立《華山亭碑》或《修華嶽廟碑》碑陰，約刊于東漢光和二年(179)。碑原在渭南華嶽廟，明嘉靖三十五年（1556）地震時致殘。殘碑于清乾隆四十四年（1779）發現，現存西安碑林博物館。碑殘存題名隸書7行，行12～18字。宋哲元題跋云:“《華嶽廟漢殘碑陰》,凡七行，兩列，民國十八年一月由嶽廟移置小碑林，此碑《華嶽志》以有棋局文，疑爲《袁逢》或《樊毅》二碑碑陰，《金石萃編》則疑爲《劉寬》碑陰，而皆不敢自堅其説，然蒼秀古勁，吉光片羽，要自足珍也。山左宋哲元題。”

長
故武都大守……府丞節
故功曹司隸茂才司空掾池陽郭晊……
故功曹司空掾池陽吉華伯房
故功曹司空掾蓮□陽由己叔鸞
故功曹司空掾□陽吉克叔千
故功曹大尉掾趙陽游良方齋
故功曹大尉掾池吉當元齋

大

華嶽廟漢殘碑陰凡七行兩列
民國十八年一月由嶽廟移置小碑林此碑華嶽志以有碁局文疑為袁逢或樊毅二碑〻陰金石萃编則疑為劉寬碑陰而皆不敢自堅其說然蒼秀古勁吉光片羽要自足珎也 [illegible]元跋

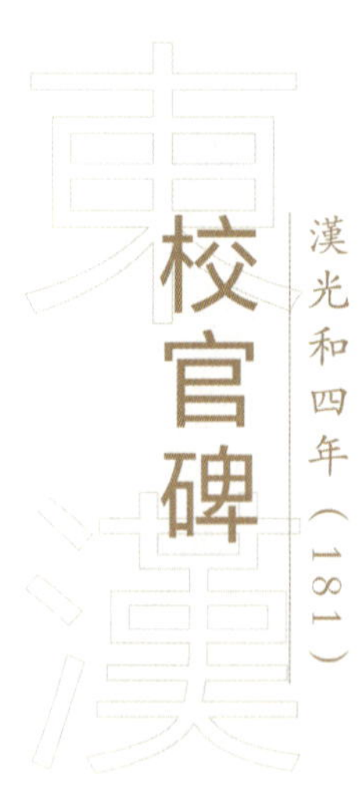

校官碑

漢光和四年（181）

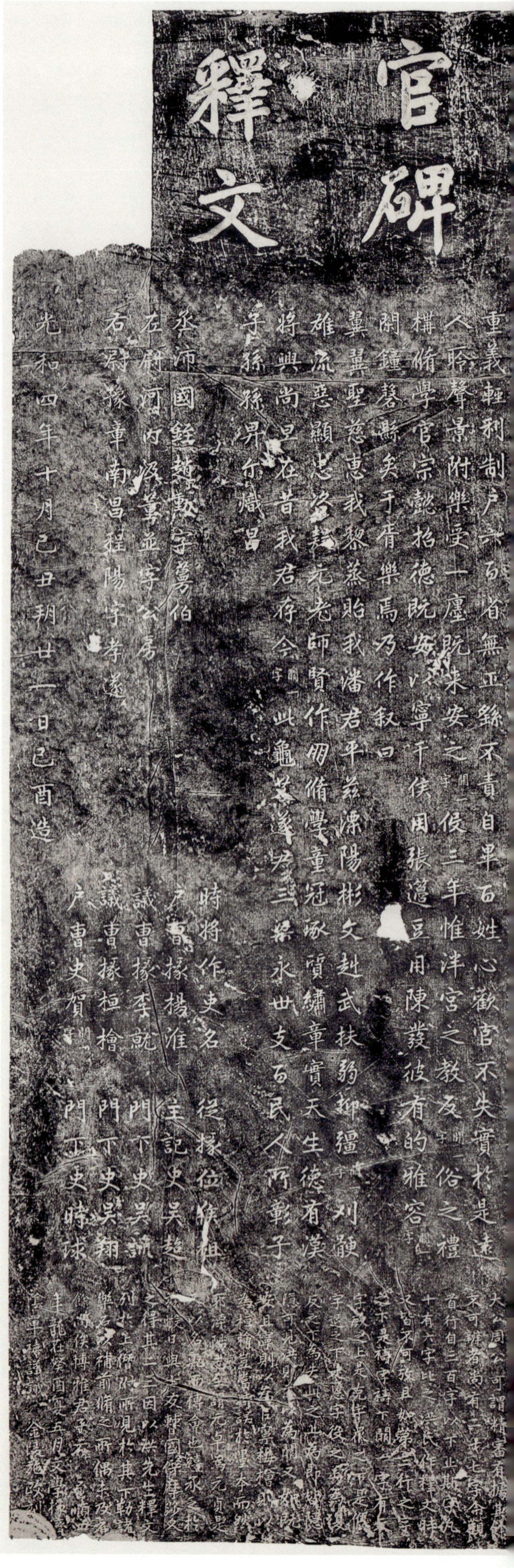

清末民初拓　78cm × 145cm

《校官碑》，又稱《溧陽長潘乾校官碑》，東漢光和四年（181）立，今存江蘇省溧水孔廟。碑陽，隸額“校官之碑”，額下有穿，正文隸書 16 行，行 7 ~ 27 字；正文後有題名，上列 3 行，下 2 列各 5 行，題名後 1 行紀年。碑陰刻元至順四年（1333）單禧《漢校官碑釋文》。

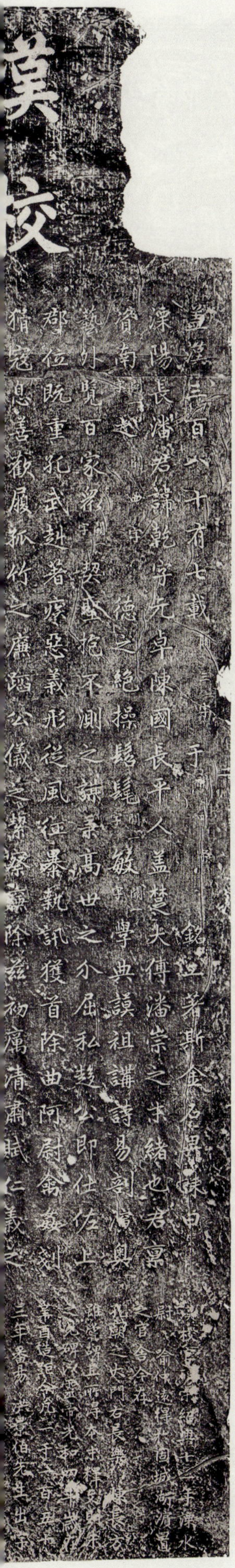
漢校

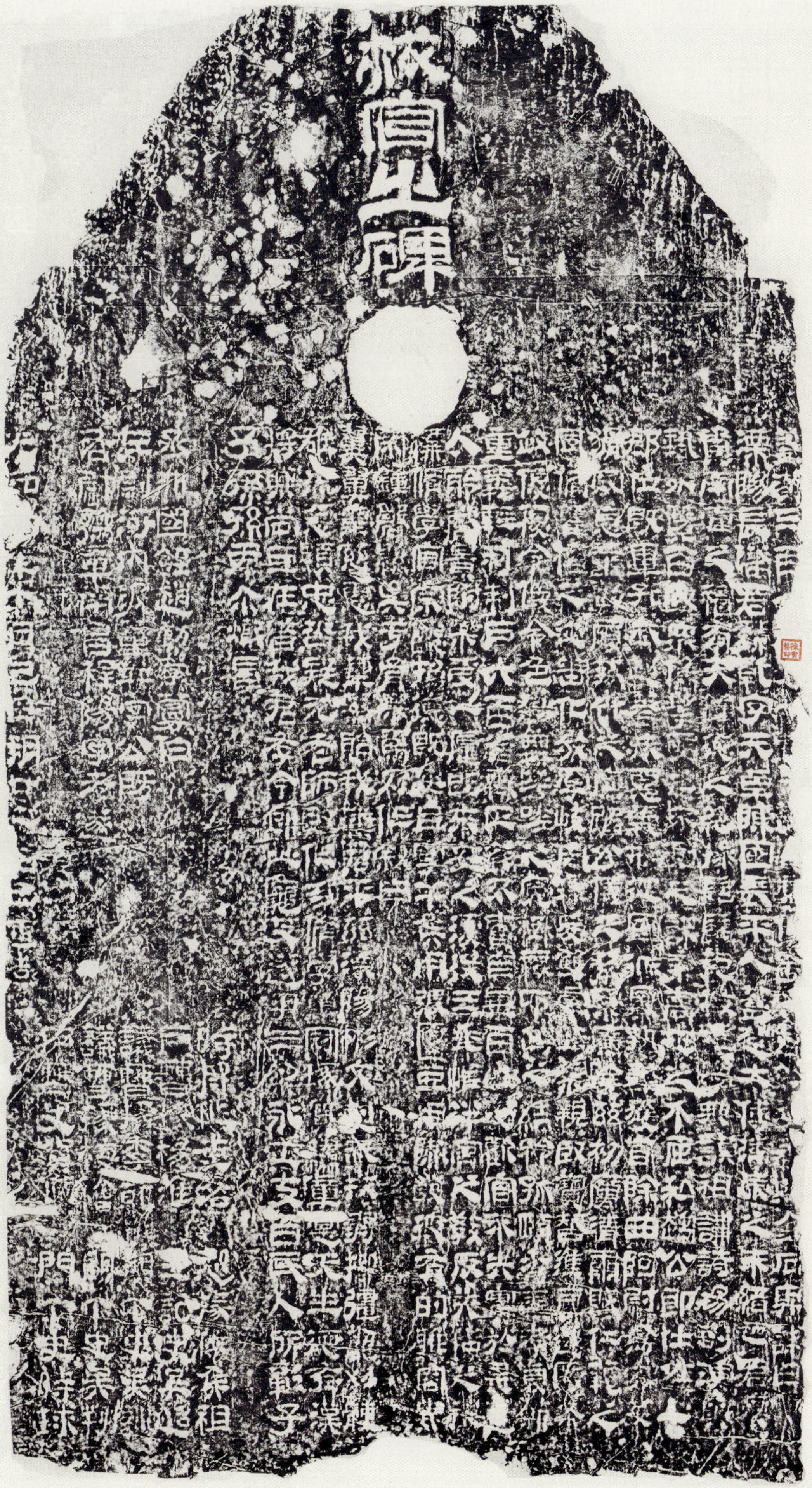
校官之碑

周掾祠堂記

漢光和四年（181）

今拓　37.5cm × 112.5cm

《周掾祠堂記》，全稱《漢故山陽金鄉周掾祠堂記》，東漢光和四年（181）刻，山東省濟寧出土。碑額隸書“漢故山陽金鄉周掾祠堂”，左刻“右富貴”，右刻“左陽遂”，右邊沿刻“連車載瓦，逢掾可致”。正文隸書16行，行25～43字，多用單刀鐫刻。碑下段爲淺浮雕，刻繪有人物、馬匹、樹木、飛鳥。

光和四年太歲辛酉十二月戊戌朔七日甲□□獨符□□倉□氣□河
惟□家據字少高結僮好學有文武善養貢賢孝弟
□思文母仁義四陵秦重鄉里行於內表具賢出鄉里官位
所稱舉孝子富於金鄉有善義理盡蒞官簿曹請曹掾史掾子男
盡賤補掾徵徵亭長孟家知為人可私白君自行徵捕魏郡來
遣道中被殃桌者休掾為卜問醫藥無夫妻沒之長遣
使備具掾感傷心後三所被疾著休積有日久消知魂遇男悲掾
遠見命在辰燭絕長思富太河令有終始不可追還以立表示後妻
夫人惟念周報禮位中值少小承事門戶收取路有賞賜父子相承事言
吾有遺三男四女各以成家為子孫見客子孫集妻不相收就後為孫倉謝
氏子母不家天登丑子扶引雖恨不盡子遺前後連逢衰夫仁問無秦
為知聞祀地哭天涕泣交並祖冢土物備具持伏三年鳴不盡立為掾立祠

白石神君碑

漢光和六年（183）

今拓　82cm×175cm

《白石神君碑》，東漢光和六年（183）立，今存河北省元氏縣封龍山。碑圭形，篆額陽刻“白石神君碑”，正文隸書16行，滿行35字。序、銘、款之間有空行。

白石神君碑

蓋聞經國序民莫急於禮禮有五經莫重於祭祭有二義或祈或報報以章德祈以弭害古

先哲王類帝禋宗望于山川遍于群神建立兆域修設壇屏所以昭孝息民輯寧上下也白

石神君居九山之數參三條之壹兼將軍之號秉斧鉞之威體連封龍氣通北嶽幽讚天地

長育萬物觸石而出膚寸而合不終朝日而澍雨沾洽前後國縣屢有祈請指日刻期應時

有驗猶自抱損不求禮秩縣界有六名山三公封龍靈山先得法食去光和四年三公守民

蓋高等始為無極山詣太常求法食相縣以白石神君道德灼然乃具載本末上尚書求依

無極為比即見聽許於是遂開拓舊兆改立殿堂營宇既定禮秩有常縣出經用備其犧牲

奉其珪璧絜其粢盛旨酒欣欣燔炙芬芬敬恭明祀降福孔殷故天無伏陰地無鱗陽水無

沉氣火無災燀時無逆數物無害生用能光遠宣朗顯融昭明年穀歲熟百姓豐盈粟升五

錢國界安寧爾乃陟景山登峥嵘采玄石勒功名其辭曰

巖巖白石峻極太清皓皓素質因體為名惟山降神髦士挺生濟濟俊乂朝野充盈灾害不

起五穀熟成乃依無極聖朝見聽遂興靈宮于山之陽營宇之製是度是量卜云其吉終然

允臧非奢非儉率由舊章華殿清閑肅雍顯相玄圖靈像穆穆皇皇四時禋祀不愆不忘擇

其令辰進其馨香犧牲玉帛黍稷稻粮神降嘉祉萬壽無疆子子孫孫永永番昌

光和六年常山相南陽馮巡字季祖元氏令京兆新豐王翊字元輔長史潁川申屠熊丞河

南李邰左尉上郡白土樊瑋祠祀掾吳宜史解徵石師王明

[illegible]年四月十日王[illegible]門[illegible]白石將軍敘[illegible]

孔褒碑

漢中平年間

清末民初拓　69cm × 155cm

《孔褒碑》，又稱《豫州從事孔褒碑》，清雍正三年（1725）在山東曲阜城東周公廟旁出土，今存曲阜漢魏碑刻陳列館。額題“漢故豫州從事孔君之碑”，碑首有穿。正文隸書14行，滿行30字。王昶《金石萃編》附于《孔彪碑》之後。高文以爲，碑文有“元節所過”，立碑當在中平元年（184）黨禁已解之後，故得直書其事而無所諱避。

曹全碑

漢中平二年（185）

清末民初拓　87cm×180cm

《曹全碑》，全稱《郃陽令曹全碑》，又名《曹景完碑》，東漢中平二年（185）立，明萬歷初于陝西郃陽縣出土，1956 年移入西安碑林博物館。碑無額，碑陽隸書 20 行，滿行 45 字；碑陰題名 5 列，分居各處，上列 26 行，第 2 列 5 行半，第 3 列 8 行，第 4 列 9 行，第 5 列 4 行。孫承澤《庚子消夏記》：“字法遒秀逸致，翩翩與《禮器碑》前後輝映，漢石中之至寶也。”

縣三老商量伯祺五百
鄉三老司馬集仲裳五百
徵博士李儒文優五百
故門下祭酒姚之辛卿五百
故門下議掾王敞元方千
故門下議掾王畢世異千
故督郵李諲伯嗣五百
故督郵楊動子豪千
故將軍令史董溥建禮三百
故郡曹史守丞馬訪子謀
故郡曹史守丞楊榮長孳
故鄉嗇夫曼駿安雲
故功曹任午子流
故功曹曹屯定吉
故功曹王河孔達
故功曹王吉子僑
故功曹王時孔良五百
故功曹王獻子上
故功曹秦尚孔都
故功曹王衡道興
故功曹楊休當女五百
故功曹王衍文珪
故功曹秦杼漢都千
故功曹王詡子弘
故功曹杜安元進
故郵書掾姚閔升臺
故市掾王尊文意
故市掾杜靖彥淵
故主簿鄧化孔彥
故門下賊曹王翊長河
故市掾楊則孔則
故市掾程璜孔休
故集曹史柯相文舉千
義士河東安邑劉政元方千
義士侯褒文憲五百
義士潁川臧就元就五百
義士安平祁博季長二百

錢糴米粟賜癃盲大女桃婓等合七首藥神

置郵百姓繈負反者如雲戢治廧屋市肆列

水灾害退於戊亥之間興造城郭是後舊姓

而治庶使學者李儒欒規程寅等各獲人爵

門下掾王敞錄事掾王畢主簿王歷戶曹掾

懿明后德義章貢王庭征鬼方威布烈安殊

亭黔首緝官寺開南門闕嵯峨望華山鄉明

漢石囪中第一奇和風爍日動春漪還從笑靨知柔骨便是佳人閑月

君諱全字景完敦煌效穀人也其先蓋周之
氏焉秦漢之際曹參夾輔王室世宗廓土斥
敦煌枝分葉布所在為雄君高祖父敏舉孝
夏陽令蜀郡西部都尉祖父鳳孝廉張掖屬
不幸早世是以位不副德君童齔好學甄極
亡之歎禮無遺闕是以鄉人為之諺曰重親
職上計掾史仍辟涼州常為治中別駕紀綱
二年舉孝廉除郎中拜西域戊部司馬時疏
城野戰謀若涌泉威牟諸賁和德面縛歸死
棄官續遇禁冈潛隱家巷七年光和六年復
同時並動而縣民郭家等復造逆亂燔燒城
哉轉拜郃陽令收合餘燼芟夷殘迸絕其本

故塞曹史杜苗幼始
故塞曹史吳產孔才五百
部掾趙炅文高
曹史高廉吉

紀

故賊曹史王授文博

故金曹史精暘文亮

故集曹史柯相文舉千

故賊曹史趙福文祉

故法曹史王敢文國

鄭季宣碑

漢中平三年（186）

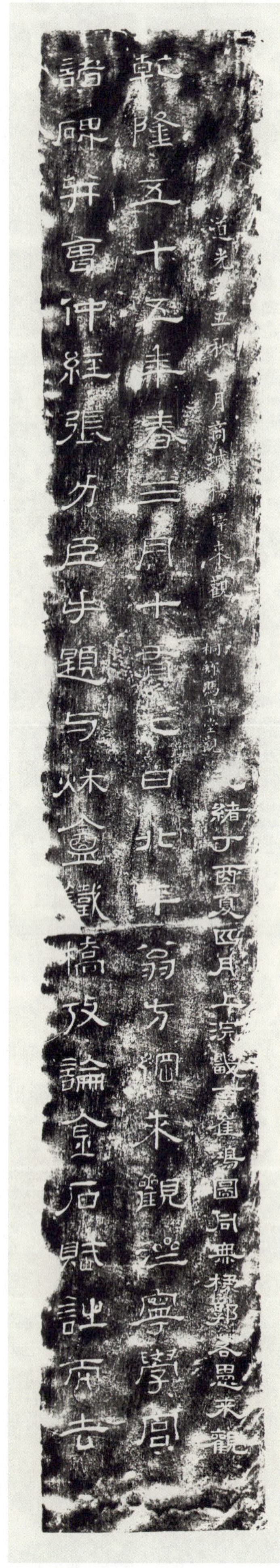

清拓　104cm × 208cm

《鄭季宣碑》，又稱《尉氏令鄭季宣碑》，東漢中平三年（186）立，今藏山東濟寧博物館。碑圓首有穿，碑陽，篆額“漢故尉氏令鄭君之碑”，銘文漫漶；碑陰，篆額“尉氏故吏處士人名”，題名約略可辨。碑側有清乾隆年間翁方綱、黄易題記。讀題記，知碑陽篆額爲陽文。

乾隆五十六年辛亥孟龝之月侯官鄭際唐來觀

漢尉氏令鄭季宣碑正面向壁其下久埋土中翁詹事方綱欲顯全文屬衛河通判黃易舁碑向外乃與知濟寧直隸州事劉永銓州判王所禮成其事碑字瀅然全露殊可快也乾隆五十一年八月十六日黃易題記

李東琪同來

壬子三月三日翁方綱按試過此与秋盦學拜是碑穿左有直紋一綫知額是陽文也

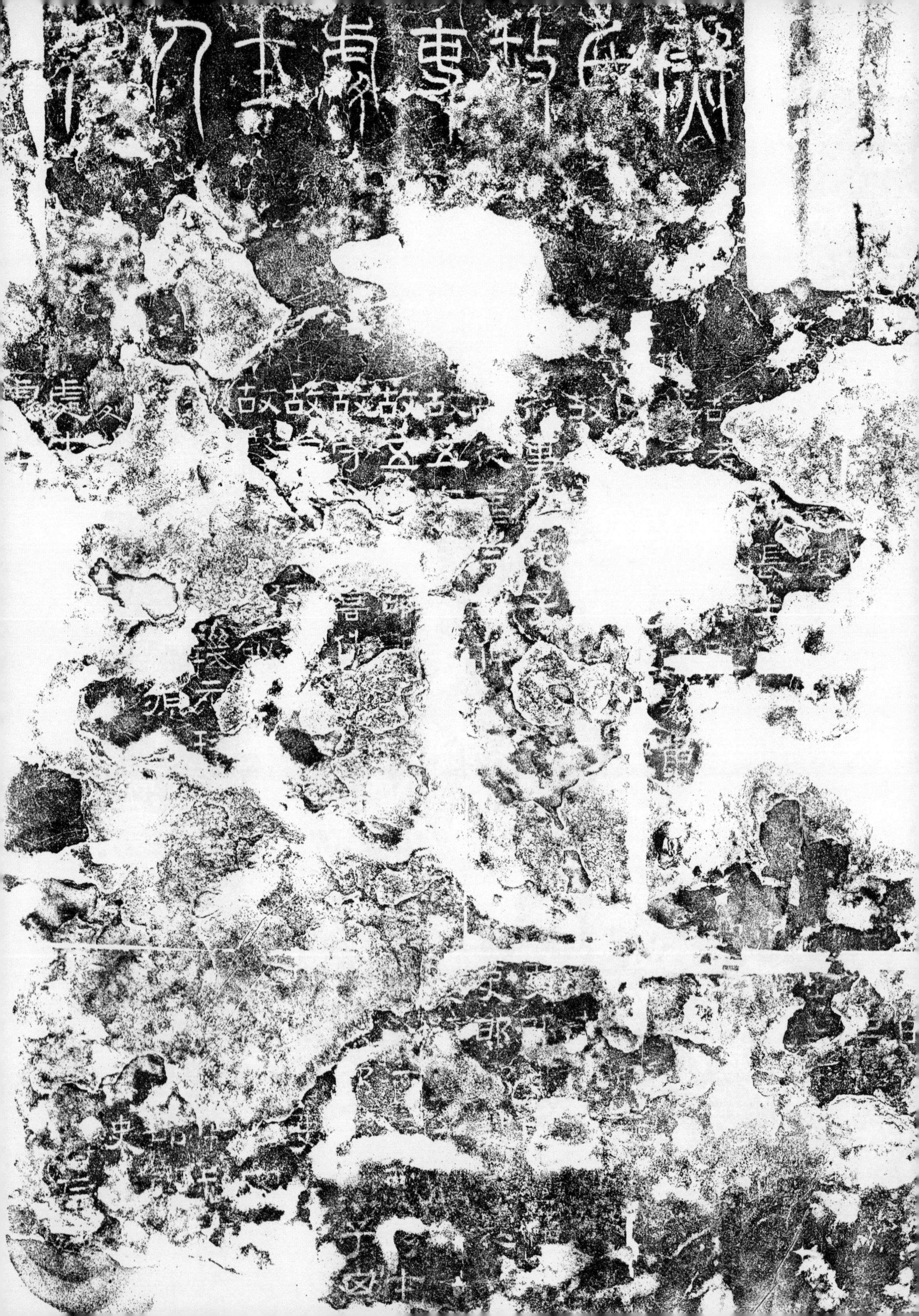

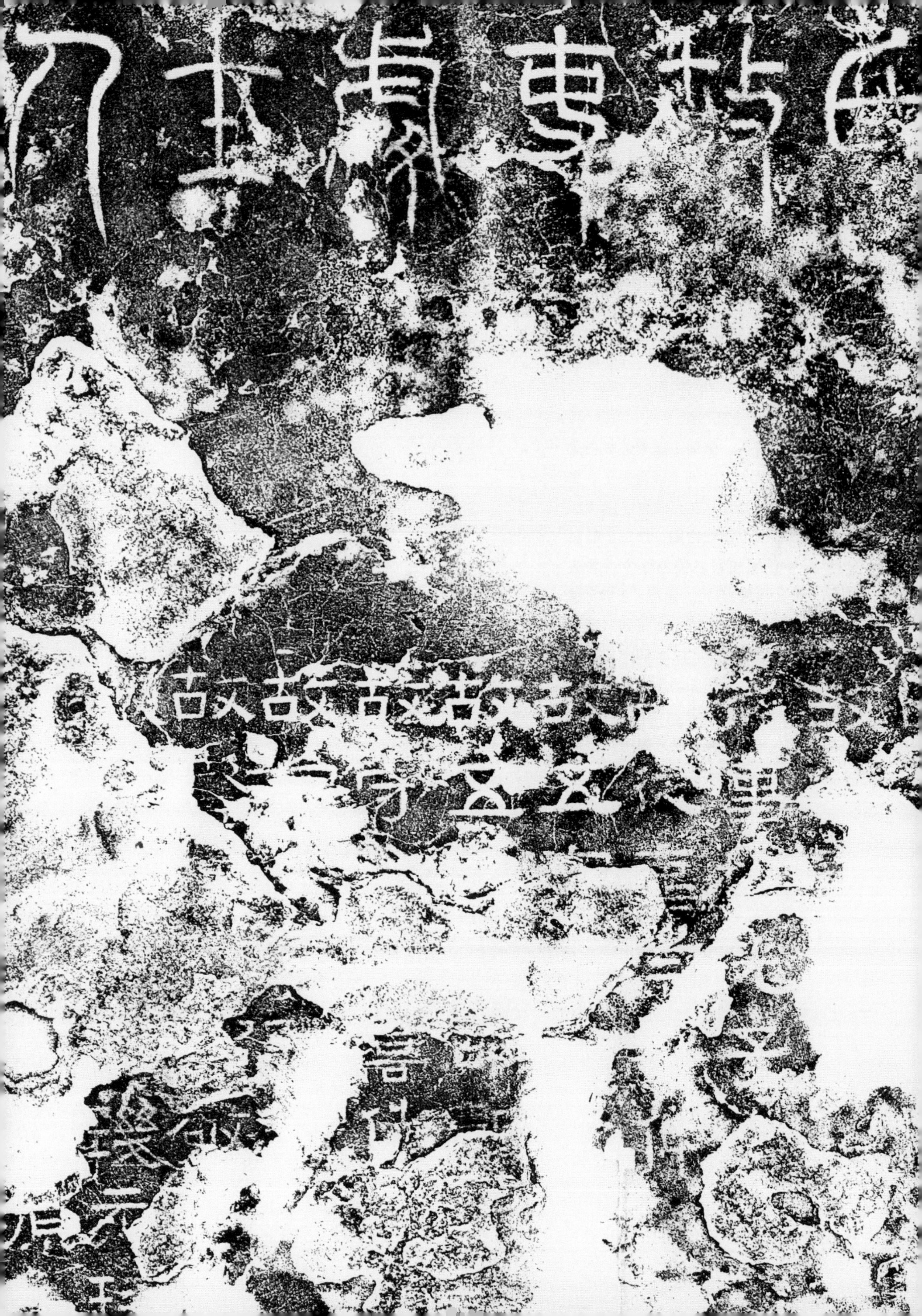

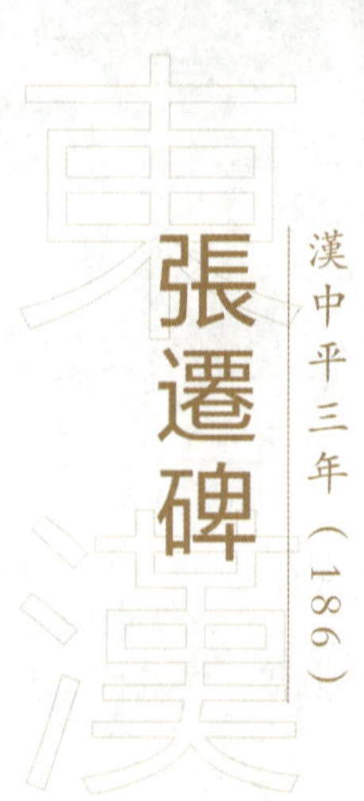

張遷碑

漢中平三年（186）

清拓　94cm×225cm

《張遷碑》，全稱《漢故穀城長蕩陰令張君表頌》，也稱《張遷表》。東漢中平三年（186）立。碑原在山東東平縣，現藏山東泰安岱廟。碑陽，篆額2行12字"漢故穀城長蕩陰令張君表頌"，正文隸書15行，滿行42字；碑陰題名三列，上二列19行，下列3行。方朔《枕經堂題跋》："碑額十二字，意在篆隸之間，而屈曲填滿，有似印書中繆篆，人因以篆目之。"徐樹鈞《寶鴨齋題跋》："此碑在漢人書中，堅樸渾厚，當爲第一；碑陰尤佳。"

漢故穀城長
蕩陰令張君表頌

君諱遷字公方陳留己吾人也君之先出自有周周宣王中興有張仲以孝友為行披覽詩雅煥知其祖高帝
龍興有張良善用籌策在帷幕之內決勝負千里之外析珪於留文景之間有張釋之建忠弼之謨帝遊上林
問禽狩所有苑令不對更問嗇夫嗇夫事對於是進嗇夫為令令退為嗇夫釋之議為不可苑令有公卿之才嗇
夫喋喋小吏非社稷之重上從言孝武時有張騫廣通風俗開定畿寓南苞八蠻西羈六戎北震五狄東勤
九夷荒遠既殯各貢所有張是輔漢世載其德爰既且於君盖其繵縺纘戎鴻緒牧守相係不殞高問孝弟於
家中謇於朝治京氏易聰麗權略藝於從政少為郡吏隱練職位常在股肱數為從事聲無細聞徵拜郎中除穀
城長蠶月之務不閉四門臘正之祭休囚歸賀八月算民不煩於鄉隨就虛落存恤高年路無拾遺犁種宿野
黃巾初起燒平城市斯縣獨全子賤孔蔑其道區別尚書五教君崇其寬詩云愷悌君隆其恩東里潤色君垂
其仁邵伯分陝君懿于棠晉陽佩瑋西門帶弦君之體素能雙其勛流化八基遷蕩陰令吏民頡頏隨送如
雲周公東征西人怨思奚斯讚魯考父頌殷前喆遺芳有功不書後無述焉於是刊石豎表銘勒萬載三代以
來雖遠猶近詩云舊國其命惟新
於穆我君既敦既純雪白之性孝友之仁紀行求本蘭生有芬克岐有兆綏御有勛利器不覿魚不出淵國之良
幹垂愛在民蔽沛棠樹溫溫恭人乾道不繆唯淑是親既多受祉永享南山干祿無疆子子孫孫
惟中平三年歲在攝提二月震節紀日上旬陽氣厥析感思舊君故吏韋萌等僉然同聲賃師孫興刊石立表
以示後昆共享天祚億載萬年

故吏韋伯臺錢八百
故吏范德寶錢八百
故吏韋公傳錢五百
故吏范定國錢七百
故吏韋閏德錢五百
故吏孫升高錢五百

故吏范奉祖錢三百
故吏韋德脩
故吏范利德錢三百
故吏韋容章
故吏騶叔義
故吏韋宣錢三百

故安國長韋叔珍錢五百

故[illegible]事韋[illegible][illegible]錢五百

故從事韋元雍錢五百

故從事韋元晷錢五百

故從事韋世節錢五百

故守令韋將遠錢五百

故守令范伯犀

故吏韋金石錢二百

故督郵范齊公錢五百

故吏范文宗錢千

故吏范世節錢八百

故吏韋府卿錢七百

故吏韋公逴錢七百

故吏韋排山錢四百

故吏范巨錢四百

故吏韋義十錢四百

故吏韋輔節錢四百

故吏韋元緒錢四百

故吏韋容人錢四百

故從事原宣德錢三百

故吏韋公明錢三百

故吏范成錢三百

故吏韋輔世錢三百

故吏范國方錢三百

甘陵相尚府君之碑

今拓　58cm×186cm

《甘陵相尚府君之碑》，又稱《袁博碑》。民國十一年（1922）河南洛陽市孟津縣城北張羊村出土，1997年移入河南省博物館。碑殘破爲兩塊。右石殘高150厘米、寬23厘米，存隸書5行，行29字，各行首字殘缺；左石殘高186厘米、寬26厘米，有穿，額篆“甘陵相尚府君之碑”，存隸書6行，行30字。王國維《觀堂集林》稱“其人必在東漢桓帝建和元年清河國改爲甘陵之後”。陶齋考得碑主爲袁氏。

漢甘陵相尚府君殘碑

風舉堂主人照嵩(?)

甘陵相尚府君碑，亦稱袁博碑，一九二二年出土於洛陽城北，原石閒解為四，有補後世用作墓門或門楣者，又云在六朝事也。今僅見二片，殘字亦大多完好，書藝亦見精良，堪與桓靈時諸名碑比肩。觀堂考為東漢末期所刻，當信之。

戊戌之夏 老樯題[illegible]識

諱博字季智司空公之少子也孝弟昭於內忠[illegible]於外聰叡廣淵兼覽七

典素丘河雒運度詠三五之籍敷周孔之眞常以易詩尚書授訓誨不倦

其食弗食非其服弗服羣儒駿賢多徒自遠有韓魏之家自視歉(?)然得士若

聞善若驚思純履勁經德不回學優則仕歷郡席坐(?)再辟司隸(?)公亮拜郎中

宗孝廉千余進以病去司空辟遭公夫人憂服闋司空司徒並舉賢良方正

甘陵相尚

府君之碑

去官辟大將軍府復登(?)高遷(?)寮(?)步(?)史疾讓[illegible]上居[illegible]蝗(?)之[illegible]唐(?)[illegible]之

道於是操[illegible]繩墨以彈邪枉援規柜以分方員釁(?)飭政節儉暴不作封畿震駭

毋懷患[illegible]褸(?)恤民飢溺之思不忘百姓之病也徵為尚書肅恭國命傳納

以言轉[illegible]拜僕射令三辰明王衡平休徽集皇道著拜鉅鹿太守施舍廢

宜莫非廉[illegible]宜刑政不濫紲(?)諧(?)克采傳其猶仲尼之相魯悼公之入晉斯(?)郡(?)仁

褒(?)下不生(?)邑(?)七八憂(?)慶(?)之定(?)之進(?)田(?)壽(?)有(?)袁(?)来之有(?)哥(?)不(?)爭之民(?)奧(?)古(?)表(?)

吹角壩摩崖題記

汉建安六年（201）

清末民初拓　48cm×51cm

《吹角壩摩崖題記》，又稱《建安六年巴郡摩崖題字》《嚴子男題字》，東漢建安六年（201）刻。摩崖原在重慶綦江，後歸遵義鄭珍，今佚。隸書8行，多漫漶不清。銘文有“建安六年八月乙丑朔廿二……嚴季男”，趙之謙《補寰宇訪碑録》有述。

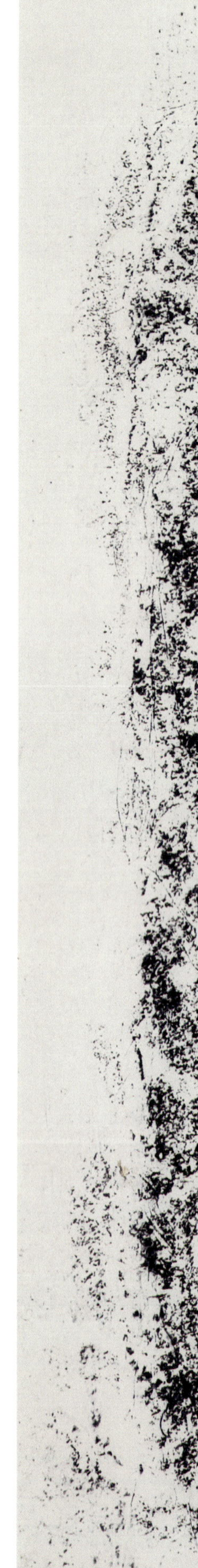

樊敏碑

漢建安十年（205）

清拓　119cm × 223cm

《樊敏碑》，全稱《漢故領校巴郡太守樊府君碑》，又稱《巴郡太守樊敏碑》，東漢建安十年（205）立。清道光年間出土，現存四川省盧縣。篆額2行“漢故領校巴郡太守樊府君碑”，正文隸書21行，滿行29字。

趙儀碑（碑陰）

漢建安十三年（208）

今拓　45cm×156cm

《趙儀碑》，東漢建安十三年（208）刻，2000年，在四川盧山縣蘆城遺址出土即斷爲三段。碑陽文字漫漶，有“三月廿日己巳”“郡屬國”等大字與碑文小字疊壓。碑陰文字保存完好，存隸書5行，滿行約25字。書體介于隸楷之間。

漢故屬國都尉楗為屬
頌遭謝酉張除反爰
漢嘉長蜀郡臨邛張
掾史許和楊便中部
盛復立以示後賢

趙君諱儀字臺公在官
傳碑在泥塗建安十三
河字起南將主簿文堅主
度邑郎掾盧餘王貴

亮吏民謨念為立碑
年十一月廿日癸酉試守
記吏邯伍功曹闆
以家錢雇飯石工劉

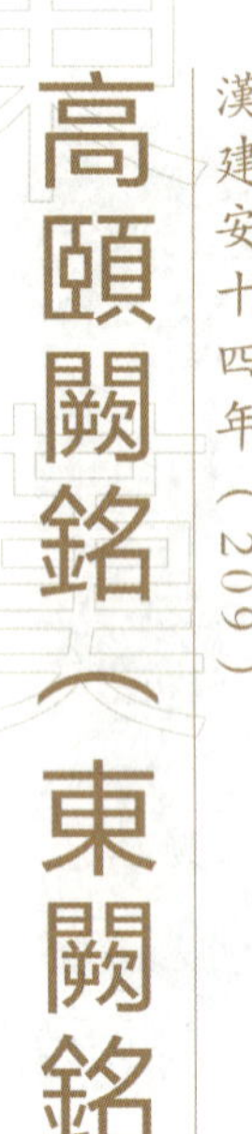

高頤闕銘（東闕銘）

漢建安十四年（209）

清末民初拓

《高頤闕銘》，爲高頤闕題字，東西雙闕并立于四川雅安姚橋。二闕各刻隸書 4 行，每行 6 字，字徑 14 厘米。東闕云：“漢故益州太守武陰令上計史舉孝廉諸部從事高君字貫方。”西闕云：“漢故益州太守陰平都尉武陽令北府丞舉孝廉高君字貫光。”此爲東闕銘，有“右任讀碑之記”朱文印。

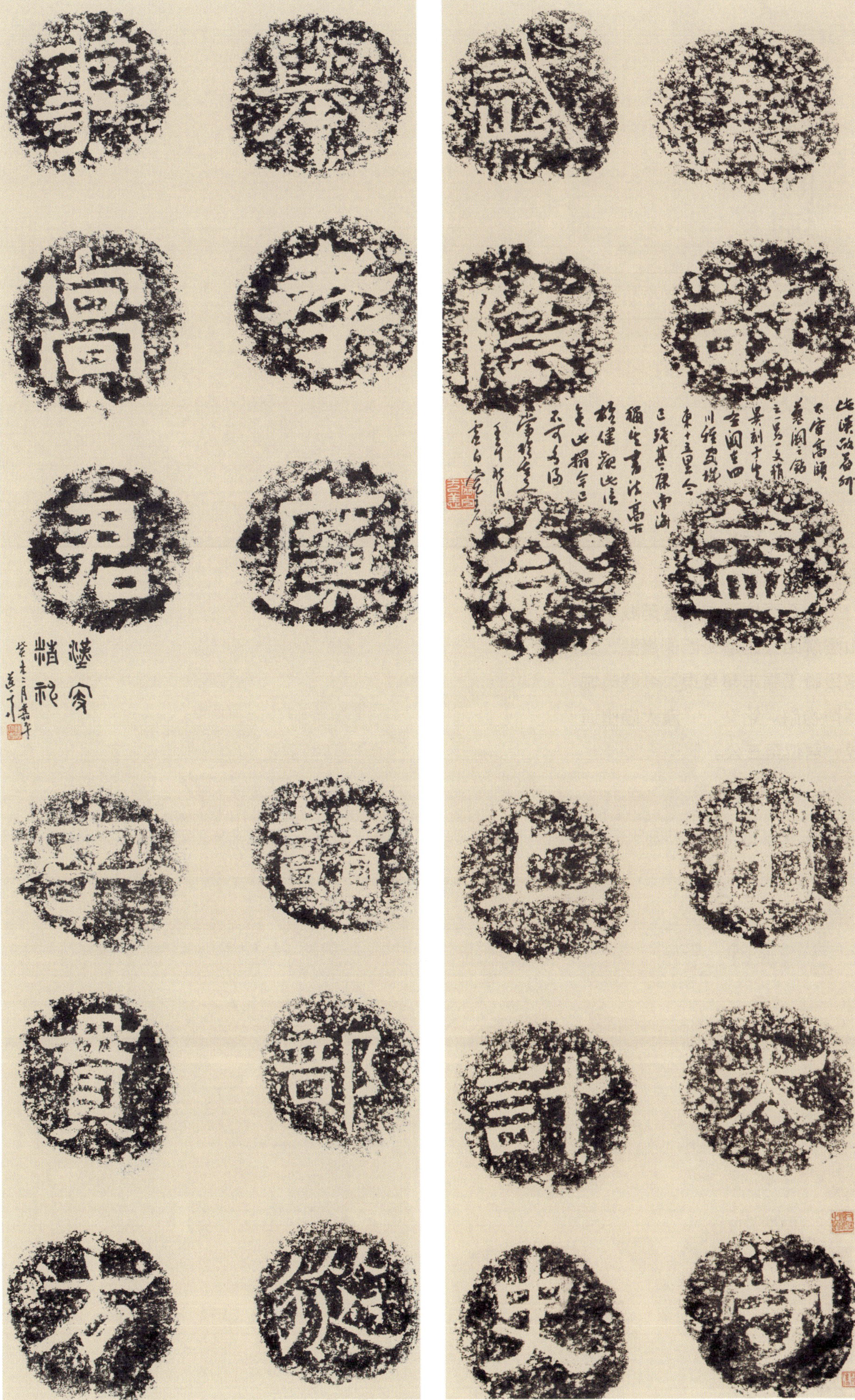

东汉

漢大陽檀道界刻石

今拓　47cm×73cm

刻石原位于山西省芮城中條山陽解陌公路道班西側崖壁，公路段職工張志超發現，今藏芮城縣博物館。銘文："漢大陽檀道界，君位至三公。"

東漢『朱君長』刻石

清末民初拓　60cm×72cm

“朱君長”刻石，清乾隆七年（1742）黄易得于山東濟寧兩山城下，審爲漢刻，即移立濟寧州學。今藏山東濟寧博物館。方朔评为“结构淳古，风神飘逸，隶中佳品”。翁方綱云：“此三字不著時代，然真漢隸也。以書勢自定時代耳。”

光緒丁酉夏四月武南
崔鴻圖兩次來觀

劉熊碑（碑陰）

今拓　30cm×30cm

《劉熊碑》，又稱《漢酸棗令劉熊碑》，《水經注》稱《後漢酸棗令劉孟陽碑》。立碑年月不詳，原在河南省延津縣，後來碑石斷毀，明代以後下落不明。碑陽隸書23行，滿行32字。1915年，顧燮光訪得該碑碑陰殘石，存隸書8行，可辨約50字，并有碑側宋人題記。殘碑今存河南省延津縣文管所。此碑秀勁，奇正相生，翁方綱稱其隸法實在《華山碑》之上。

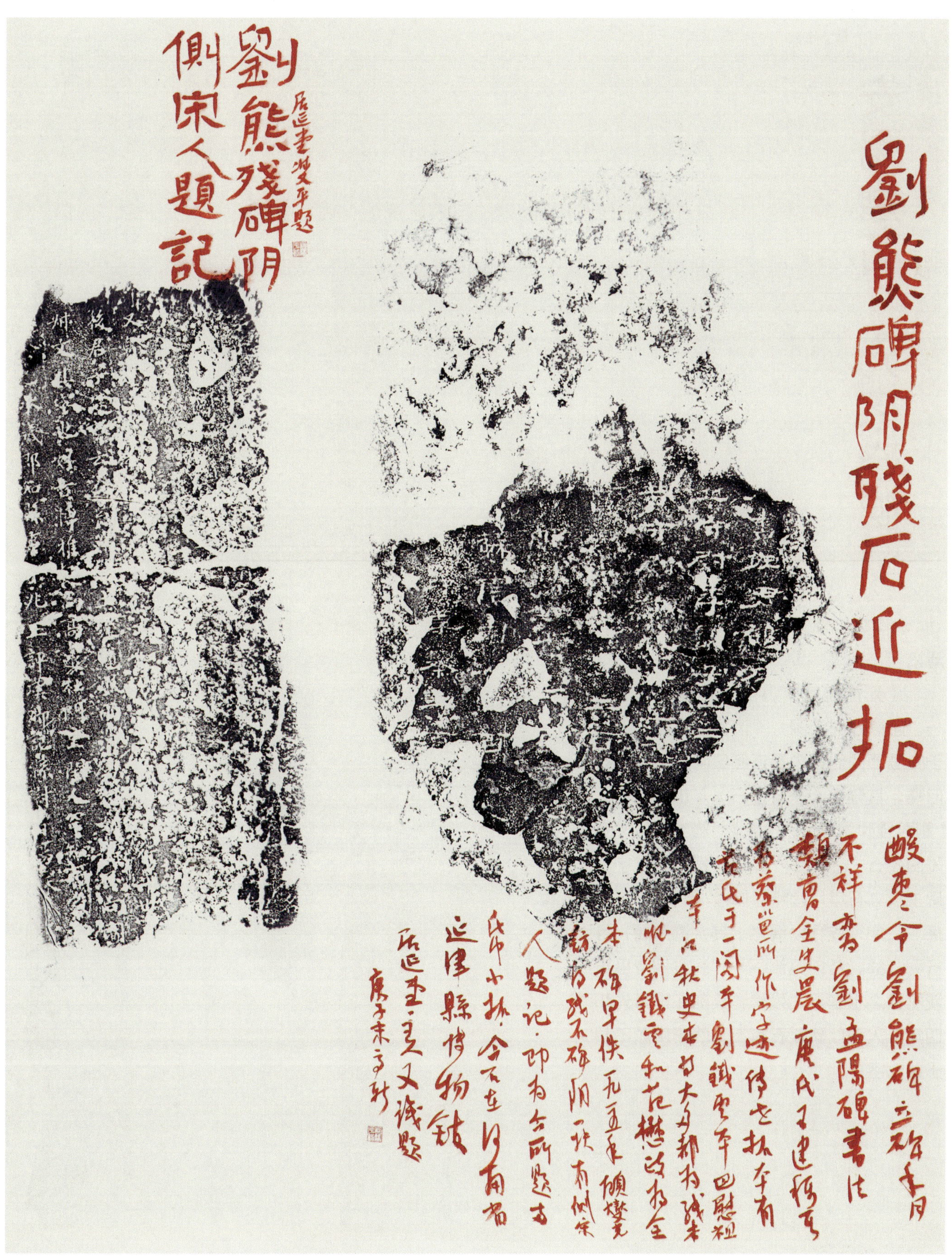
劉熊碑陰殘石近拓
劉熊殘碑陰側宋人題記

安陽殘石·元孫殘碑

清拓

《元孫殘碑》爲“安陽四殘碑”之一。趙熊題跋節録：“清嘉慶年間，徐方于安陽西門豹祠内及近側田間訪得漢殘石四種，其分作《子游殘石》《正直殘石》《劉君殘碑》《元孫殘碑》，識者遂以‘安陽四殘石’稱之。”“此碑僅存十餘字，碑主及立石年月皆無存無考，因殘文有‘元孫’二字，遂藉以稱之。其字迹清麗，且行列寬綽，益增風韻。”“翁方綱考爲東漢劉楨之祖劉梁之殘碑，其刻在靈帝光和四年，人稱此碑殘石有二，然書風頗不類于此七字。”

安陽漢碑殘石二品

清嘉慶年間徐方于安陽西門豹祠内及近側田間訪得漢殘石四種其分作子游殘石正直殘石劉君殘碑元孫殘碑識者遂以安陽四殘石稱之此存舊拓二品右為元孫殘石左為劉君殘碑之側題

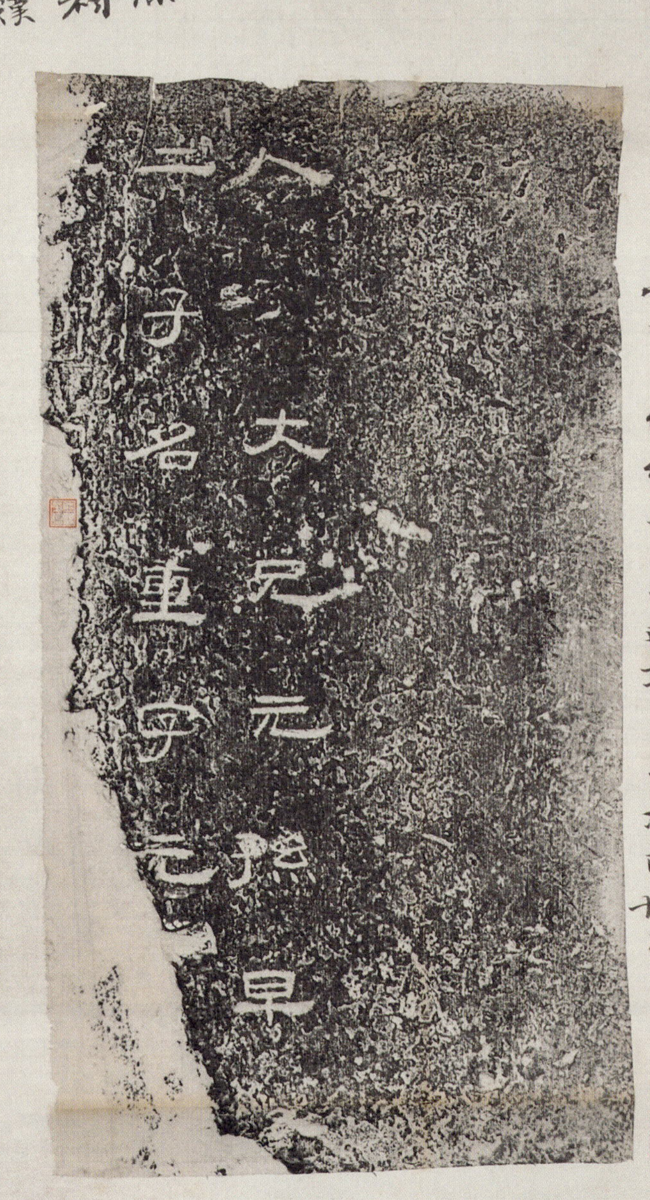

此碑僅存十餘字碑主及立石年月皆無存亡考因殘文有元孫二字遂藉以稱之其字迹清麗且行列寬綽益饒風韻差殊寧落誰能味其懸絕耶 戊戌巧月 老猜時雉杖之年

東漢筆畫凡三見分為明帝永平四年安帝延光元年靈帝光和四年時其書風握為桓靈之際莛物瀚方絕者為東漢劉梁之祖劉梁之殘碑其刻在靈帝光和四年人稱此碑殘石有二殘書風

安陽殘石·劉君殘碑

清拓

《劉君殘碑》，又稱《劉梁殘碑》或《劉梁碑》，爲“安陽四殘碑”之一。殘碑共二石，碑中鑿有大圓孔。此爲其中第二石，文曰：“之裔兮蘭□□心凡之 / 爲國之□□□□兮當 / 人去□□□□□哀哉 / 歲兮。”洪亮吉謂“隸法古勁樸厚，誠堪珍玩”。

東漢 安陽殘石·正直殘碑

清拓

趙熊題跋："此爲安陽殘石四種之一，世稱《正直殘碑》，因首行二字寄名也。《金石萃編》載：此石出于清嘉慶三年，由縣令趙希璜搜訪得于西門豹祠近側。後流轉至洛陽，終歸藏郭氏，一九四九年後郭氏將諸藏石捐贈安陽文化館。石殘，無存紀年，信爲東漢遺跡，其波磔舒揚，結字疏朗。見格調與殘石四種之《子遊殘碑》大殊意趣。此爲舊拓，雖未稱精良，亦足賞翫焉。"

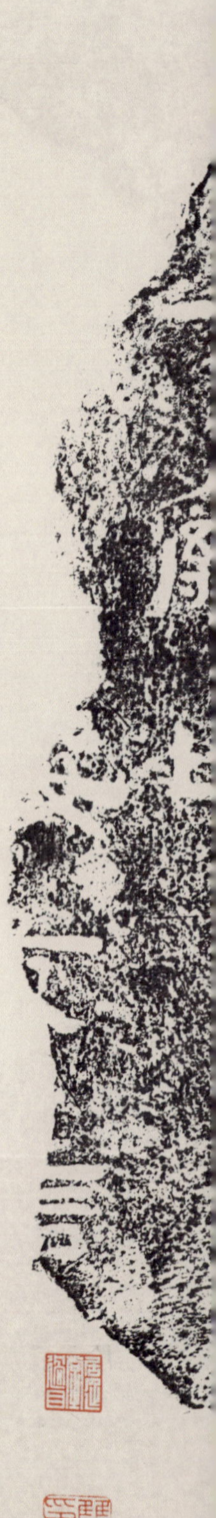

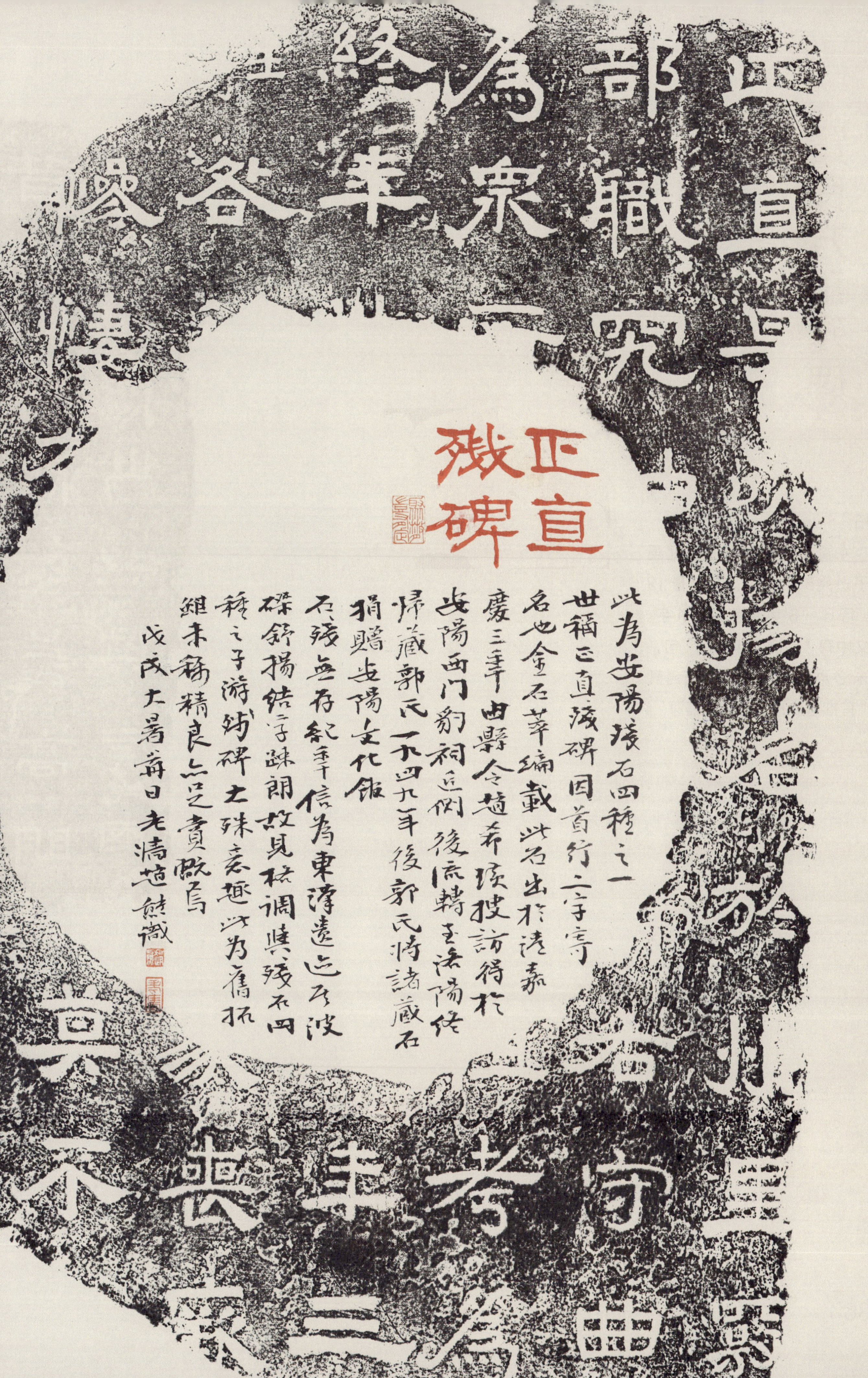
正直殘碑
此為安陽殘石四種之一
世稱正直殘碑因首行二字得
名也金石萃編載此石出於清嘉
慶三年由縣令趙希璜搜訪得於
安陽西門豹祠近側後流轉至洛陽後
歸藏郭氏一九四九年後郭氏將諸藏石
捐贈安陽文化館
石殘無存紀年信為東漢遺迹乃波
磔舒揚結字疏朗故見格調典雅殘石四
種之子游殘碑尤殊意趣此為舊拓
雖未稱精良亦足貴獻焉
戊戌大暑前日老清趙熊識

東漢

賢良方正殘碑

清拓

《賢良方正殘碑》，此爲《子遊殘碑》上段。存隸書12行，行6～8字不等，凡91字。銘文中有“元初二年六月”句，但未必爲立碑時間。康有爲評爲“有拙厚之形，而氣態濃深”。

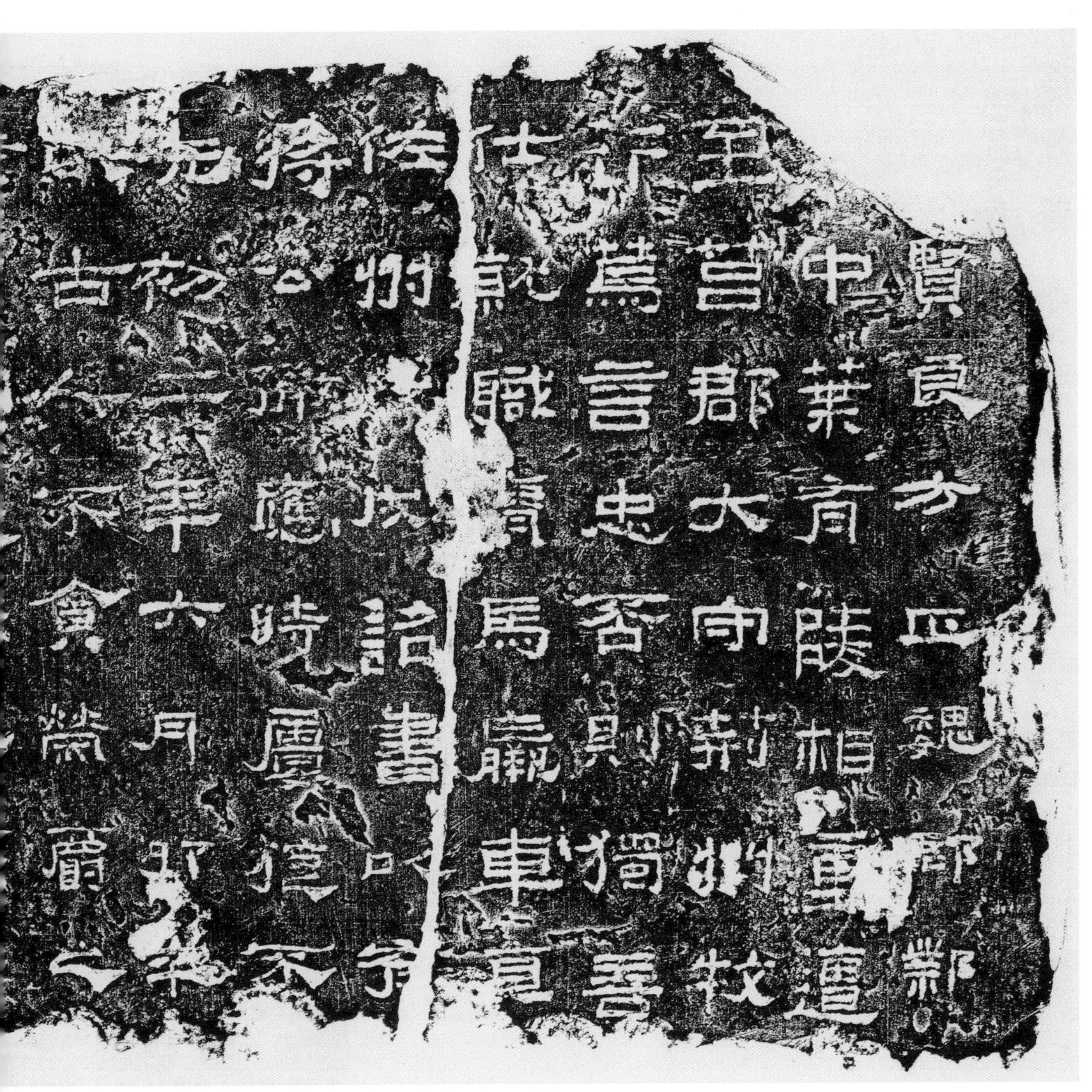

朝侯小子殘碑

清末民初拓　82cm × 85cm

《朝侯小子殘碑》，碑殘，無年月。1914 年西安出土，今藏北京故宫博物院。存隸書 14 行，行 6 ~ 15 字。啓功評爲“點畫工整妍美，極近《史晨》一路，在漢碑中應屬精工之品”。

朝廷之小子也[illegible]良節履
參學兼游夏服勤體[illegible][illegible]儉宗度一不
學中大主晨已被抱為童冠講遠近稱
僚贈送禮賻五百萬已上君皆不受贈
家見雖二連居喪孟獻加等無已踰焉
于己君為首郡請署主簿督郵五官掾
否好家嚴過憎知其善妄休退在家廬
廉除郎中拜謁者已能[illegible]為光祿所上
討姦雄除其蟊賊曜德戢兵怡然無為
吾卜葬含憂憔領精傷神越終殁之曰
骨形銷氣盡遂已毀滅莫不憯痛者小

唐公房碑

清拓　62cm×190cm

《唐公房碑》，又稱《仙人唐公房碑》，碑原在陝西省漢中市城固縣西北，1970年移入西安碑林博物館。碑陽，篆額“仙人唐君之碑”，正文隸書17行，滿行31字；碑陰題名，多漫漶。碑文記城固仙人唐公房成仙的傳說。

東漢

肇義詩説七言詩

今拓　70cm × 40cm

《鞏義詩說七言詩》，摩崖題刻位于河南省鞏義市西北石窟寺。存隸書 11 行，行 4 ~ 5 字，詩曰：“詩説七言甚無惡，多負官錢石上作。掾史高遷二千石，掾史爲吏甚有意。蘭臺令史于常侍，明月之珠玉璣珥。子孫萬人盡作吏。”題詩下刻有五頭鳥、朱雀等。

小子殘碑

清末民初拓　28cm × 96cm

趙熊題跋："漢《小子等字殘石》，其出陝西長安，曾藏于周季木家，著録《居貞草堂漢晉石景》一書，今未知所踪。殘石可識者僅十餘字，書風清和温婉，擬爲東漢時所刊。原石早年或改爲他用，石面破損已甚。此爲舊拓本，拓工已稱精良，于今可觀也。"老牆集字又云："前軌正聲，永世垂則。"

东汉

義稱殘碑

清末民初拓

《義稱殘碑》，殘泐漢碑，存隸書7行，可辨5行，共10字曰：“義稱/肆力/治韓/離左/推宦。”

義稱
肆力
治韓
離左
推宣

趙菿碑

今拓　79cm × 85cm

《趙菿碑》，全稱《漢故郎中趙君之碑》，碑殘，無年月。1937年河南南陽出土，今存南陽臥龍崗漢碑亭。碑首三暈，有穿，篆額2行8字“漢故郎中趙君之碑”；正文存隸書17行，行3～7字。趙熊題跋：“志主趙菿不見史書，而殘碑亦失紀年，碑頭有暈，有額篆書‘漢故郎中趙君之碑’，一如當時制度。視其書風，擬爲桓靈帝時所刊立者。碑字作隸體，書法謹嚴峻整，然較之他種後漢名碑則稍減風韻耳。”

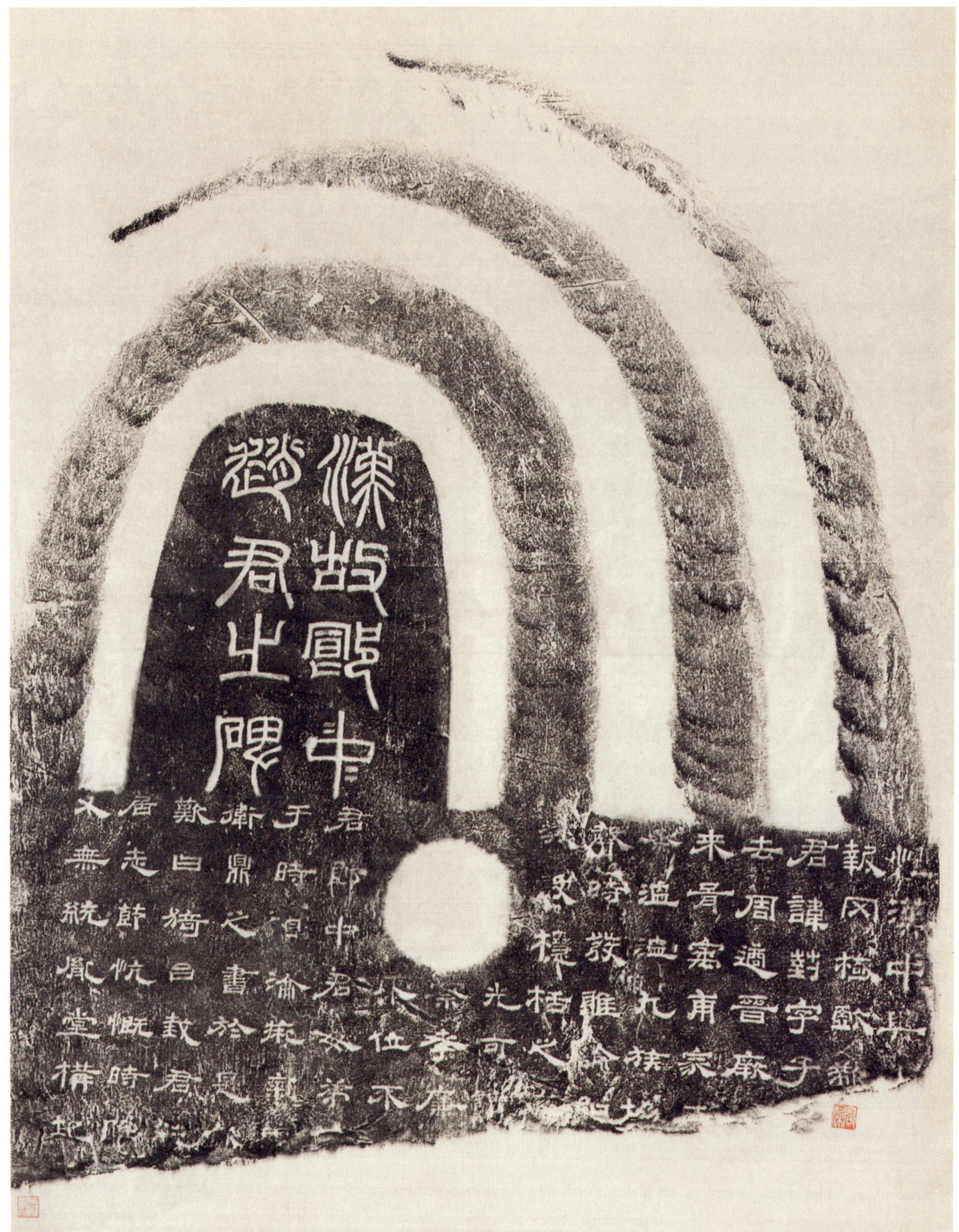

漢故郎中趙君之碑殘石

此碑一九三七年出土於河南
南陽僅存上半早年碑刻著
錄多失載原石今藏南陽卧龍
崗漢碑亭內誌主趙菿不見史
書而殘碑亦失紀年碑頭有暈
有額篆書漢故郎中趙君之碑
一如當時制度隸書風格為
桓靈帝時所刊立者
碑字依隸體書法謹嚴峻整
然較之他種後漢名碑則稍減
風韻耳
近世出土古代碑刻甚夥內中
優劣并見治史者或不意書
法而學書者宜於精鑒中
取其所長也
戊戌桃月杪
老樵趙熊獲觀并識

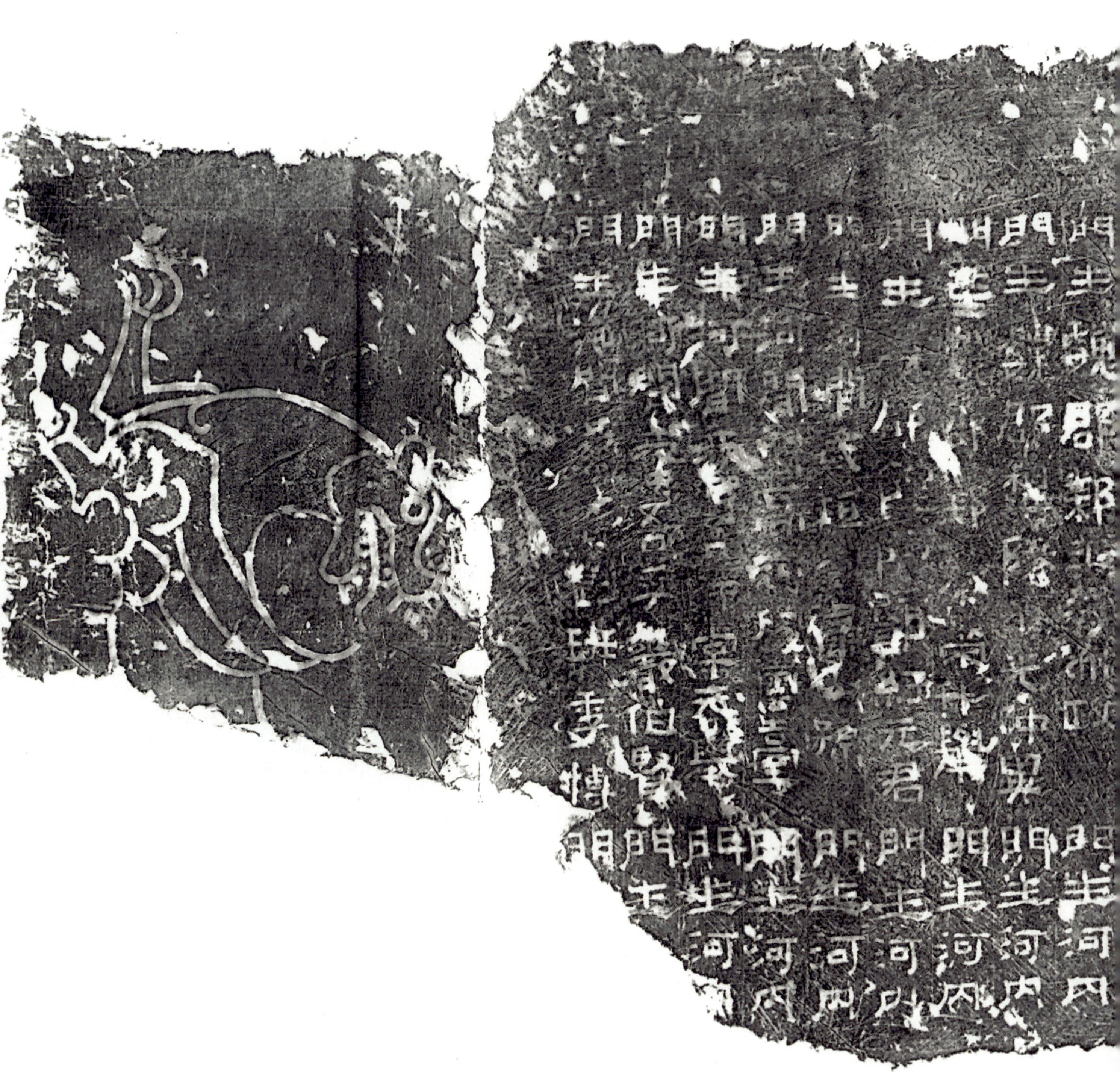

東漢
嵩嶽殘碑

今拓　40cm × 45cm

《嵩嶽殘碑》，近年山東出土，私人收藏，碑下段斷泐。碑陽隸書 11 行，行 7 ~ 12 字；碑陰題名隸書 2 列，11 行，行 1 ~ 10 字。碑陰殘存三郡門生 20 人，分别來自魏郡、河間、河内，其中“河間蠡吾”是考察碑刻年代的重要依據。碑主似爲東漢冀州刺史或魏郡、河間、河内三郡國的太守、國相。其書法雄宏方整，字畫古直蒼渾，以平刀鑿鏟而成。

劉曜碑

清拓　75cm×145cm

《劉曜碑》，年月泐，漢刻。洪適《隸釋》著録，遂佚。清同治九年（1870）再出土，僅存12行，較《隸釋》少二百餘字。殘碑左上有清人宋祖駿題記。

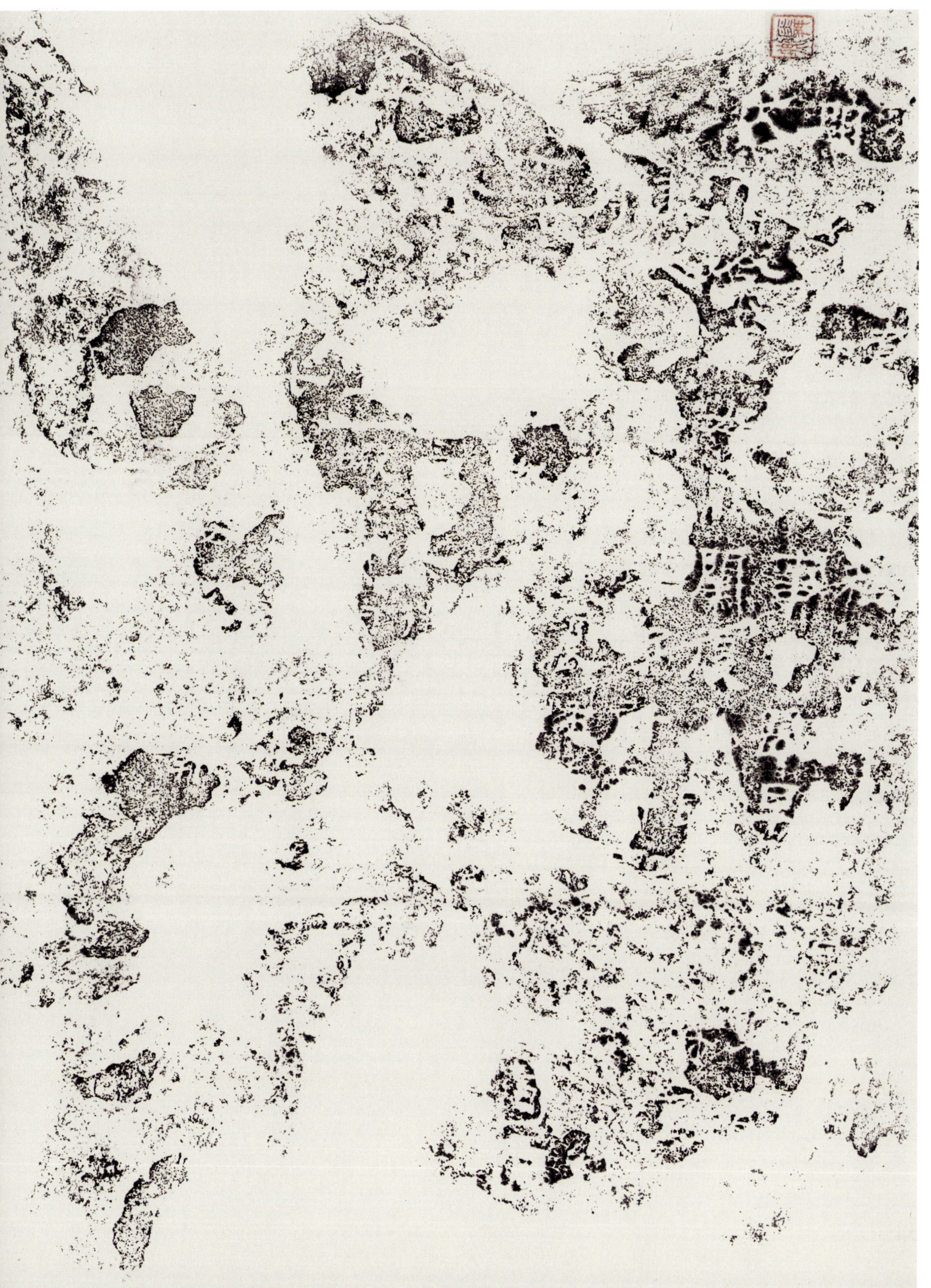

東漢 渭橋『官石』題刻

近拓

《渭橋“官石”題刻》，近年長安城厨城門渭橋遺址出土。隸書刻“官石”2字。王子今先生認爲：“刻石文字可以説明渭橋國家工程的性質。由此也可以推知，當時築橋工程也有‘私’力提供石材的可能。這是寶貴的工程史資料，當然因爲長安渭橋在交通體系中空間位置之重要，‘官石’文字也與絲綢之路交通有關。”

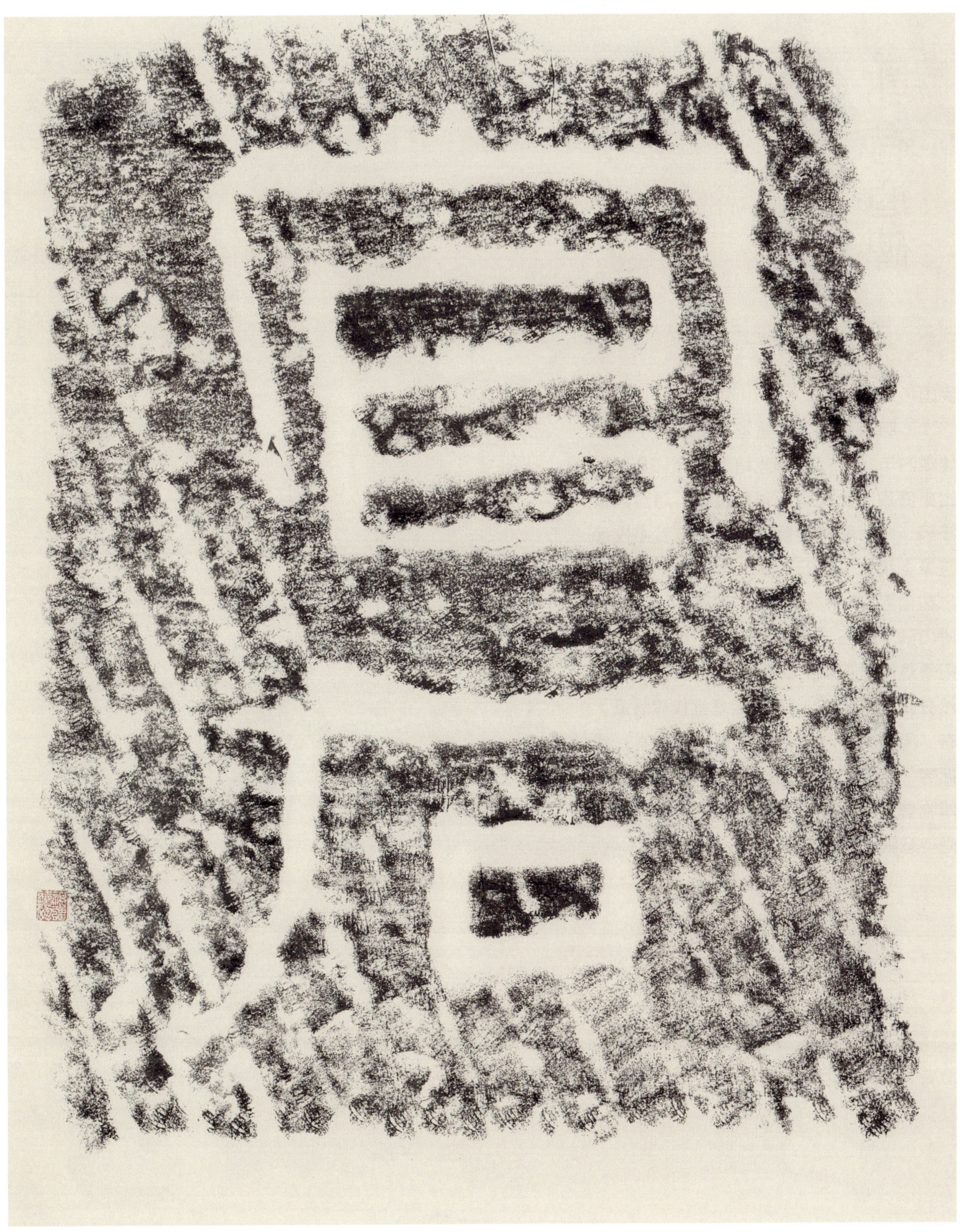

東漢

郭有道碑

民国拓

《郭有道碑》，蔡邕撰，約刊于東漢建寧四年（171）。清光緒十二年（1886）山東濟寧出土，稱爲斧鑿後本。趙熊題跋節録："此歷來存疑之碑刻。方若《校碑隨筆》稱：'原石久佚，後世重刻有二，一在山西介休，一在山東濟寧。'其又引傅山謂'此石宋南渡之前已不可見'，此拓傳爲清季于山東濟寧所出之郭有道原石，然真僞終莫辨矣。王壯弘《增補校碑隨筆》有'原石久佚，傳世皆重書、重刻本，極拙劣'之評語可鑒之。碑石今在山東濟寧博物館。目之氣息古遠，不類重刻，訂稽尚待慧眼也。"

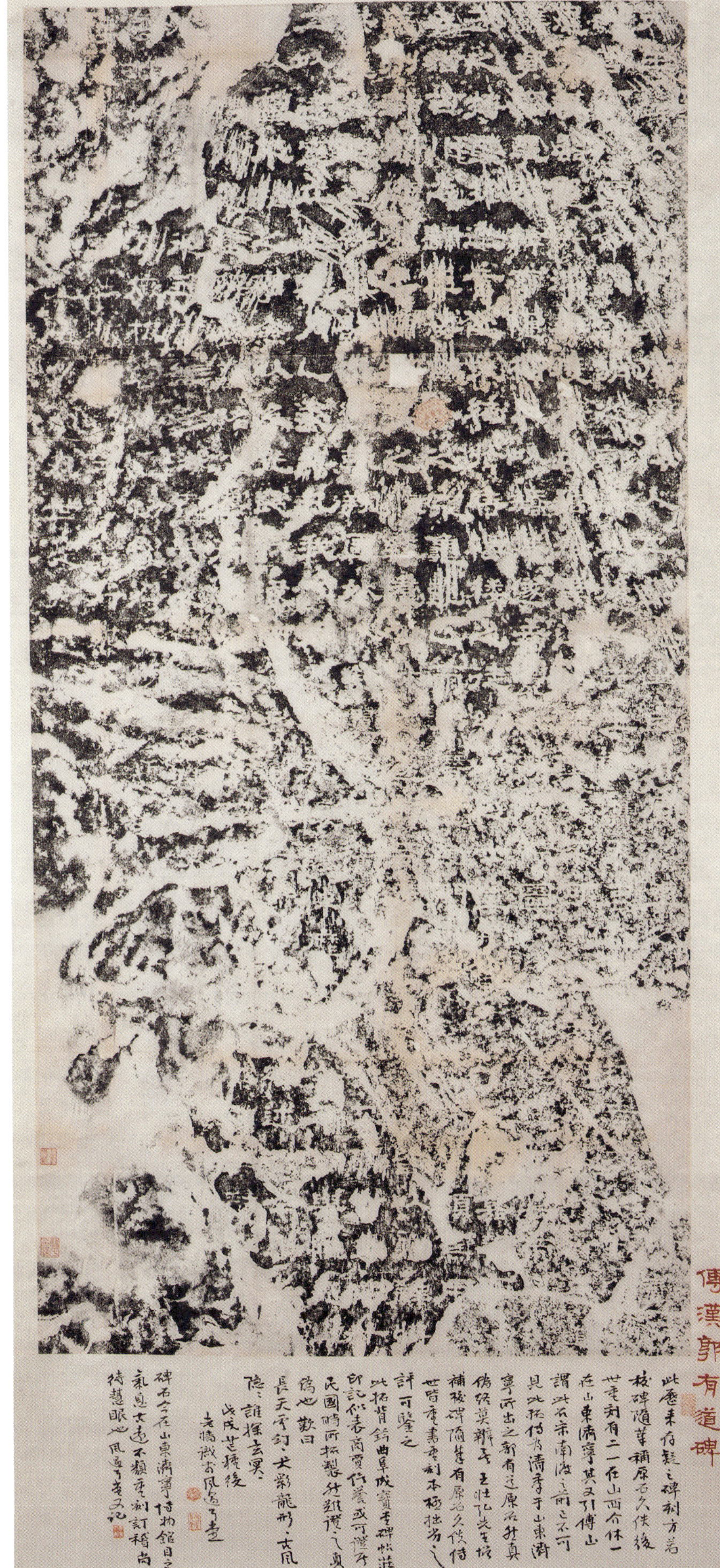
傳漢郭有道碑
此歷來存疑之碑剎方若
校碑隨筆稱原石久佚後
世重刻有二一在山西介休一
在山東濟寧其又引傅山
謂此石宋南渡之前已不可
見此拓傳為清季于山東濟
寧所出之新有違原石然真
偽終莫辨矣 王壯弘先生增
補校碑隨筆有原石久佚傳
世皆重書重刻本極拙劣之
評可鑒之
此拓背鈐曲阜成寶李碑帖莊
印記似為商賈作舊或可證於
民國時所拓製然難證之真
偽也 歎曰
長天雲幻、犬影龍形、古風
隱隱、誰探玄冥。
戊戌芒種後
老鶴識於風過耳堂
碑石今在山東濟寧博物館目之
氣息古遠不類重刻訂稽尚
待慧眼也 風過耳堂又記

南行唐地界碑

張馳藏拓　72cm × 167cm

《南行唐地界碑》，又稱《冀州常山南行唐北界摩崖》，位于山西省繁峙縣神堂堡鄉大寨口村北。1998年閻明德、李宏如二先生發現。摩崖4行，行6～7字，凡24字。文曰："冀州常山南行唐北界，去其廷四百八十里，北到鹵城六十里。"漢文帝元年（前179），因避文帝劉恒諱，恒山郡更名常山郡；鹵城，縣名，不見于晉，則摩崖爲漢刻石。

東漢冀州常山
南行唐北界碑
己亥初秋 老情題耑
冀州常山南行唐北界去其廷四
百八十里北到蒲城六十里

東漢

魯相謁孔子廟碑

清拓　85cm × 104cm

《魯相謁孔子廟碑》，此碑自宋代即定爲漢碑，《金石録》作“漢魯相謁孔子廟碑”，《隸釋》作“魯相謁孔子廟殘碑”。今存山東曲阜漢魏碑刻陳列館。碑文隸書，已漫漶，存隸書 8 行，滿行 11 字。碑側有唐貞元七年（791）杜廉等人題記。

壽萬年吉語磚

今拓　18cm × 36cm

《壽萬年吉語磚》，無紀年，傳爲甘肅禮縣境内出土，西安岳奇先生藏。磚文漢隸 18 字，共 3 行，行 6 字，系濕刻而成，文云：“壽萬年，宜子孫；家大富，宜多田；牛百頭，羊滿千。”結字粗獷，筆法拙朴，古厚可愛。

琅邪相劉君石柱刻字

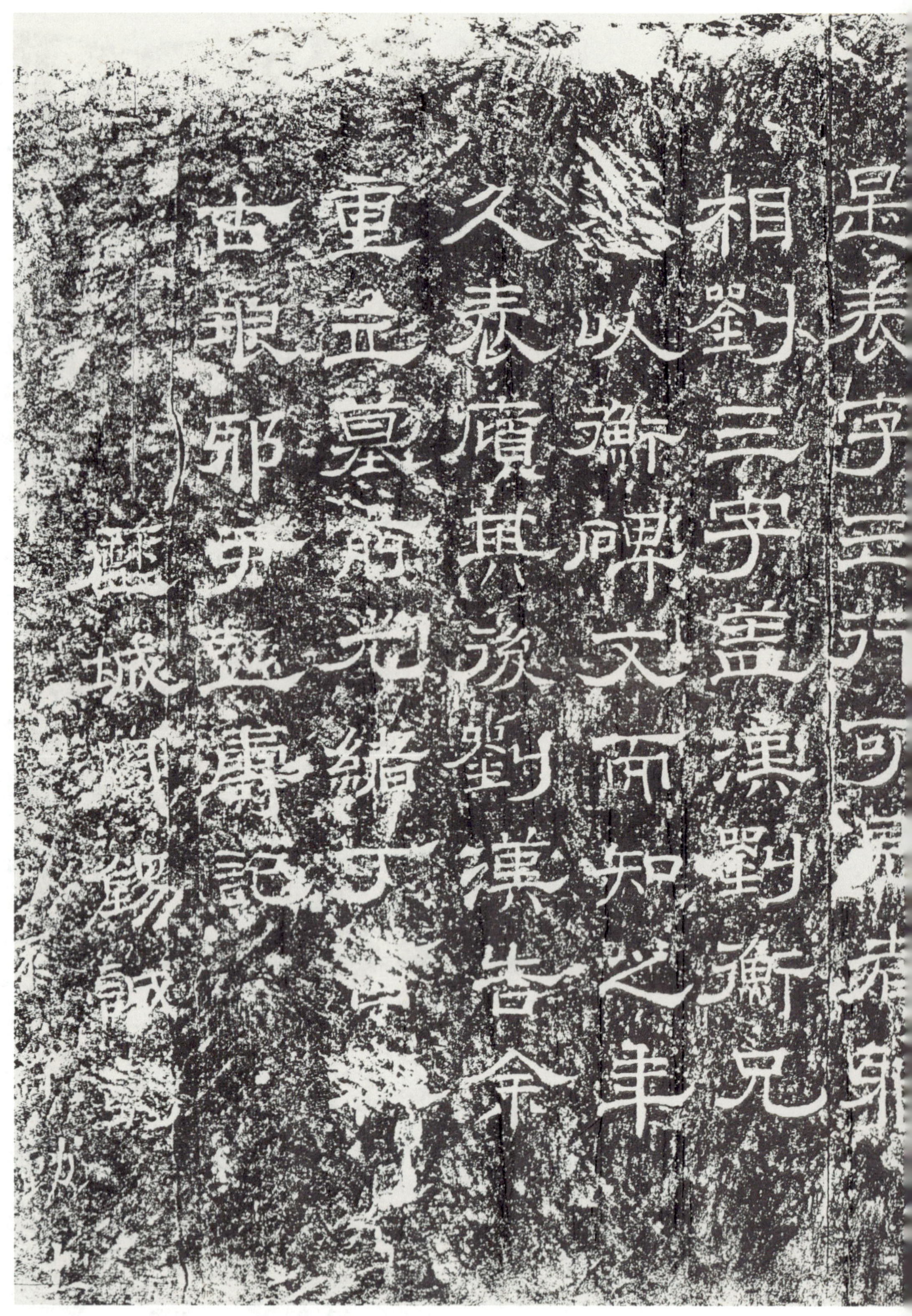

民國拓　28cm×96cm

《琅邪相劉君石柱刻字》，又稱《琅邪相劉君殘石刻》。1929 年山東滕縣出土，現存山東省博物館。石柱高約 2 米，上部刻篆書 3 行，現存 1 行 3 字“邪相劉”。石柱下段刻清光緒二十三年（1897）尹彭壽隸書題記。

東漢 故吏王叔等題名殘碑

清拓　40cm × 40cm

《故吏王叔等題名殘碑》，漢刻，原在何地不詳。有收藏印“式芬之印”，此或爲吴式芬舊藏。隸書 4 行，行 5 字，凡 17 字“即繕□□ / 故吏王叔 / 故吏觀順雨 / 故吏張堂□”。書法朴拙，收放隨意。

巨繕虔

故吏手[illegible]尉

故吏觀順甫

故吏孫堂[illegible]

東漢

銅山蔡丘畫像石題記

今拓　15cm × 29cm

《銅山蔡丘畫像石題記》，1997 年江蘇銅山縣茅村蔡丘發現，畫像上題記 3 行，上部殘。文曰："宰碩夜下大堂用 / 作石室碩用钱卅 / 律令。"左側刊"君蒙"。

孫仲妻石棺題記

今拓　47cm×172cm

《孫仲妻石棺題記》，傳出于四川成都雙流區，現藏于私人。銘文隸書23字："蜀廣都苞鄉轟造里公乘孫仲妻君就，以石棺葬，書此柩兮。"趙熊題跋云："銘文書法寬弘疏朗，波磔分明，似見書寫意味，而直畫則方齊爲多，餘疑爲刻工求便捷不暇雕飾細節所致，此亦嘗見之于漢墓題刻。"另有《孫叔石棺題記》云："蜀廣都苞鄉轟造里公乘孫叔，以石棺葬，書此柩兮。"二者書體、格式相近，或爲同一家族墓葬群所出石棺題記，故附于此。

蜀廣都苣鄉䣕造里公乘孫仲婁君龍以石棺葬書此柩于

䣕為莫字或省刻石稍見訛誤 乙亥仲夏 老橋梓意於長安文昌門外

右孫仲婁石棺柩銘得出成都市蓮花區藏之坊間棺身不知所蹤此為棺蓋
銘二十字文曰蜀廣都苣鄉䣕造里公乘孫仲婁君龍以石棺葬書此柩于古之柩
稱棺在上儀禮有記或稱銘旌賈公彥疏曰銘所以表柩故漢時謂銘為柩與刻銘

文字合也此柩銘甚長大氣魄宏偉用之需或有效於銘旌棺之意者銘文書法寬弘疏朗波磔分明似見
書寫意味而且兩則方滿為多余疑為刻工求之便捷不假雕飾細節所致此亦當見之于漢墓題刻
及漢碑中刻銘不記年月概為後漢遺存 乙亥仲夏有雨驟熱成涼 老橋趙熊陽識之

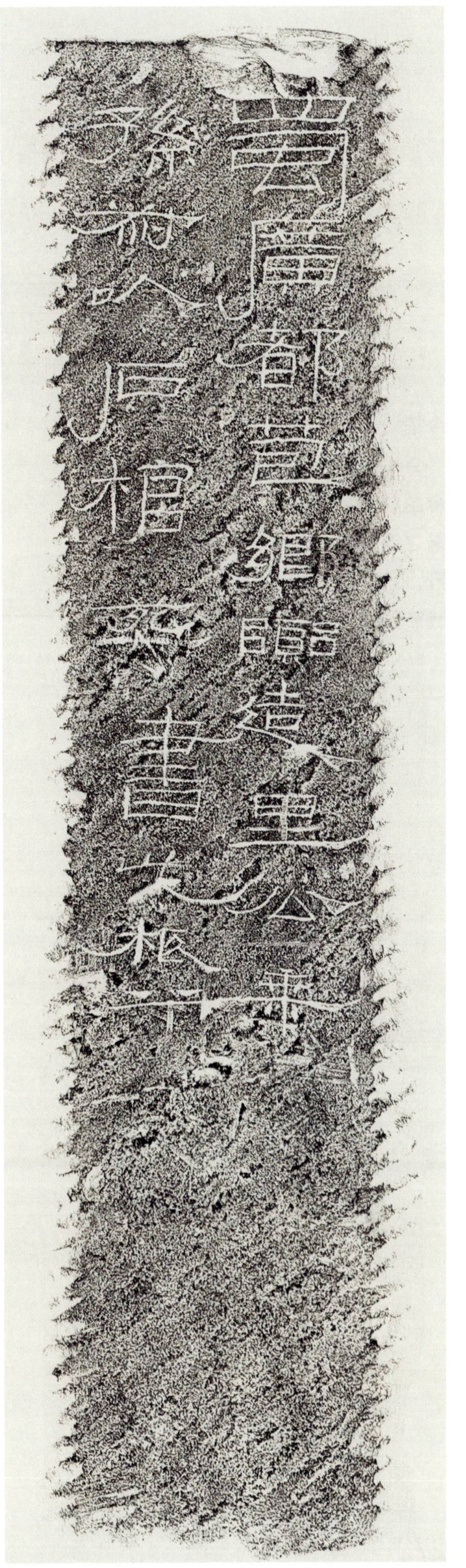

節義殘碑

今拓

《節義殘碑》，傳出于蜀地，今由成都星漢齋藏，年代約在桓靈之際。碑上部殘斷，存隸書7行，行2～15字。銘文有“哀哉節義，顛没賢□，閔傷建章”句。

東漢

蜀故侍中楊公之闕

今拓　57cm×96cm

《蜀故侍中楊公之闕》，闕在四川梓潼縣北門外，現僅存單闕，闕身刻隸書 2 行 8 字“蜀故侍中（楊）公之闕”。

東漢

皇女殘碑

今拓　28cm × 96cm

《皇女殘碑》，清咸豐年間出土于河南洛陽，今藏北京故宫博物院。趙熊題記："皇女龀年，父祖曾憐。天何妒命，笑靨成煙。洛邑土厚，穀水流潺。銘碑爲記，波磔餘殘。漢風一縷，墨象永延。《皇女殘碑》無存紀年，清咸豐年間出土于洛陽故城，人嘗以魏碑視之，并稱有黄初遺風。今人陳進宧先生考爲漢碑，皇女爲後漢司空宗俱之外孫，其殁後，葬于洛邑城西之平樂臺，世人則以'皇女臺'稱之。"

漢皇女殘碑

女年九歲字皇女大尉公玄孫之子孝廉君之女司空宗
俱之外孫也洛爾體之淑姣嗟末命之何辜方戲毀而掩
身曹□寘亓近且……

皇女齔年，父祖曾憐。天何妒命，笑靨成烟。洛邑土厚，穀水流潺。銘碑為記，沒礫餘殘。漢風一綫，墨彩永延。

皇女殘碑無存紀年，清咸豐年間出土于洛陽故城，人審以魏碑晰之，并稱有東漢遺風。今人陳進宜先生考為漢碑。皇女為後漢司空宗俱之外孫，其歿後葬於洛之城西之平樂亭，世人則以皇女亭稱之，是可想見其塋制規模也。碑殘，僅存字二行餘，依然韻致，後學八字今之範式。

戊戌伏中 老鴻陽識并題

魏

WEI

膠東令王君廟門殘碑

三国·魏黄初六年（225）

清末民初拓　80cm×54cm

《膠東令王君廟門殘碑》，又稱《王君廟門碑》《膠東令王君廟碑》，三國·魏黄初六年(225)立，現存山東濟寧博物館。隸書18行，行8字，文末有劉永振跋。洪適《隸續》録文，并說：“額題‘漢故膠東令王君之廟門’十字，隸書，文十八行，爲敘事碑。”拓本可辨文字約50字。

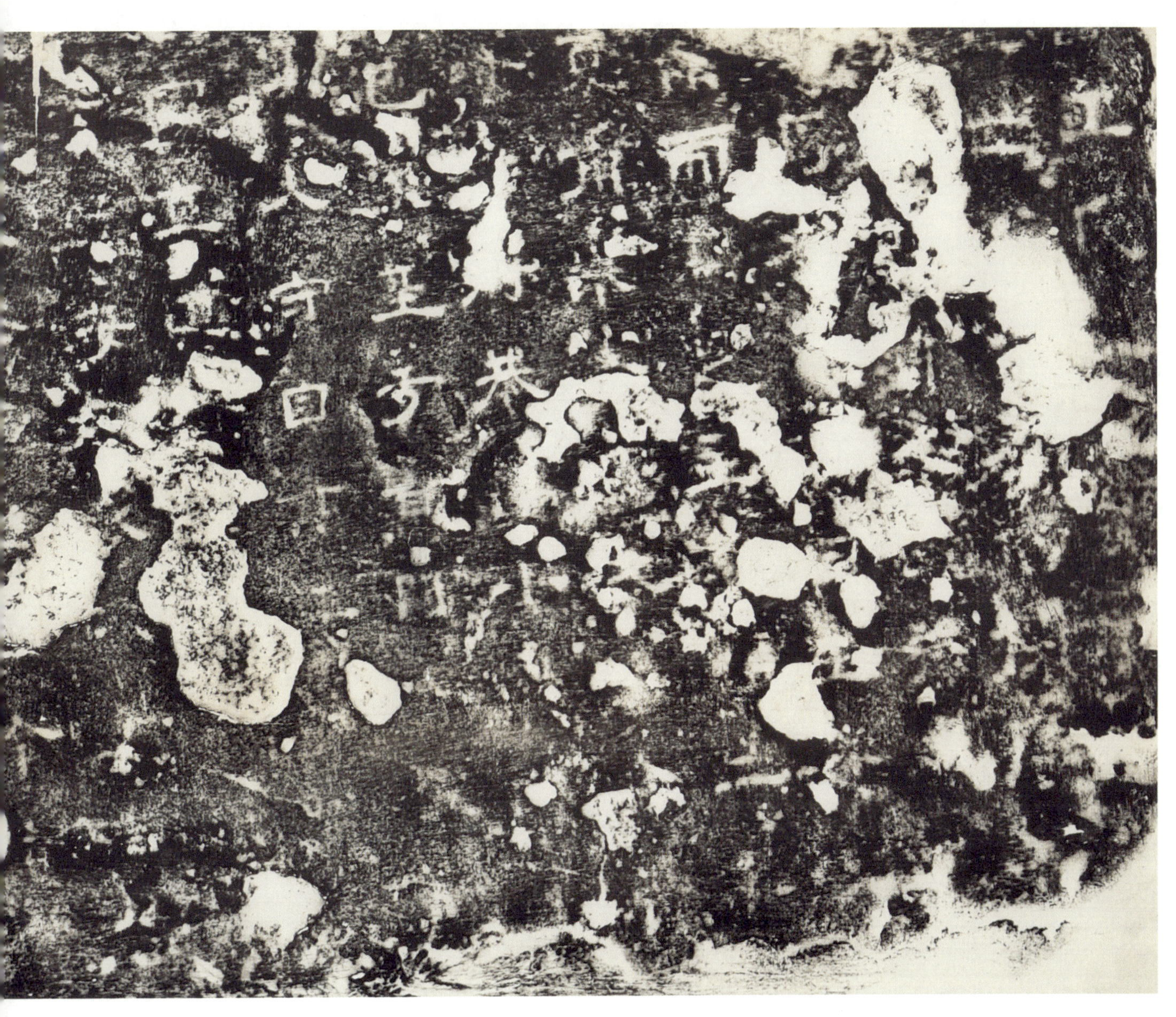

盧江太守范式碑

三国·魏青龍三年（235）

清拓　68cm×102cm

《盧江太守范式碑》，簡稱《范式碑》，又稱《范巨卿碑》，三國·魏青龍三年（235）立，今存山東濟寧漢魏陳列室。碑殘，篆額2行10字“故盧江太守范府君之碑”。正文隸書12行，行6～15字。碑頂部有黄易題記。

故廬江太守
范府君之碑

君諱□
士會者光演弘謨翼宗霸業銘□命旅
之孫高□□□□明允篤□□□虞事
不入者方立德隆禮樹節寶真忠謙之
□接華□於汝墳瀏□覺於□漢超官
□舊耀□□於權□濟信佯于皇訓□
侍御史□冀州刺□□紹□致隱□教
廬江大守擬泰和以陶化昭□則以
瀆源之深闡寶跡氏之□順以疾吉
與猶克洽外內是紹德之與藪□
□相暨子孫不□□□
之不饗□隆□

魏

正始三體石經·春秋篇殘石（右半）

三国·魏正始二年（241）

今拓

《三體石經·春秋篇殘石（右半）》，今存三體書 15 行，前 6 行約 11 組，後 9 行約 8 組。三體石經分别由三種字體寫成，上爲古文，中爲小篆，下爲隸書，傳爲邯鄲淳所書。邯鄲淳之本，實由度尚而來。據衛恒《四體書勢》，稱魏世傳古文者，唯邯鄲淳一人。趙熊題記："曹魏正始三體石經殘石，光緒年間始發現于洛陽白馬寺村南之龍虎灘，一九二二年後則出土殘石甚多，傳大小計百餘石，此爲其中巨大者，出土時左右爲一石，估人中斷之，遂分爲二，傳世有初拓未斷本可證。"

正始三體石經殘石春秋篇之右半

半是山人題耑

曹魏正始三體石經殘石光緒年間始發現于洛陽白馬寺村南之龍虎灘一九二二年後則出土殘石甚夥傳大小計百餘石此為其中巨大者出土時左右為一石估人中斷之遂分為二傳世有初拓未斷本可證　乙亥仲秋　老橋識於風過耳堂雨窗

魏

正始三體石經·春秋篇殘石（左半）

三国·魏正始二年（241）

今拓

《三體石經·春秋篇殘石（左半）》，今存三體書16行，行7～9組。趙熊題記："此《三體石經殘石·春秋篇》之左半，原爲一石之上段，出土未幾，即爲估人剖之爲二，雖幸存至今，而難有完璧之見矣。"又題詩云："本是殘軀已可憐，奈何刀斧斷遺篇。由來豎子時時有，誰許文明繼永年。"

正始三體石經殘石春秋篇之左半

未是山人題耑

此三體石經殘石春秋篇之左半，原為一石之上段，出土未幾即為估人剖之為二，雖幸存至今，而欲有完璧之見矣。此等不肖之事，迄今猶未絕者，豈不令人忿忿焉。乙亥桂月 老嬉扶杖後識

本是殘軀已可憐，奈何刀斧斷遺篇。由來豎子時時，誰許文明繼永年。

時時下脫有字 老嬉口占爲題

正始三體石經殘石（之一）

三国・魏正始二年（241）

今拓

《正始三體石經殘石之一》，今存三體書 17 行，行 8 ～ 9 組。趙熊題記：“三體石經，刻于曹魏正始二年（公元二四一年），每字以古文、小篆及隸書并刊之，故名。文刻《尚書》《春秋》《左傳》，既有弘儒重教之宗旨，亦見校正文字書體之功用。石經初立于洛陽太學，永嘉之亂即有損毁焉，其後又有徙鄴返洛之經歷，至唐魏徵收聚時，已未足十分之一。清末後出土殘石多見于洛陽、西安，于一九四五、一九五七年曾于唐城遺址出土各一，然煌煌巨制，全豹難窺矣。”

正始三體石經殘石

凤翼堂主人题耑

三體石經刻于曹魏正始二年公元二四一年每字以古文小篆及隸書并列之故名文刻尚書春秋左傳既有弘儒重教之宗旨亦具校正文字書體之功用

石經初立于洛陽太學永嘉之亂即已損毀爲兵燹又有從鄴遷洛之經歷至唐魏徵收聚時已未足十分之一

清末後出土殘石多見于洛陽西安于一九四五一九五七年先于唐城遺址出土若一經煌煌巨製全貌難窺矣

己亥仲秋

老清識

魏

正始三體石經殘石（之二）

三国·魏正始二年（241）

今拓

《正始三體石經殘石之二》，今存三體書16行，第1行尤殘，其餘行10～12組。趙熊題記："正始三體石經，舊制規模已不可考。王國維推算爲卅五通碑石，馬衡先生則有廿八碑之説，迄今難有定論。出土殘石雖有逾百之數，大塊僅見四種，此爲其中一文，刻《尚書》之《君奭篇》。今見石經總字逾三千，單字則千餘數，遺珠未多，宜珍宜藏。"

正始三體石經殘石

凤遇万寿主人题耑

正始三體石經舊制規模已不可考王國維推算為卅五通碑石馬衡先生則有廿八碑之說迄今雖有之論出土殘石雖有逾百之數大塊僅見四種此為其一文刻尚書之君奭篇今見石經總字逾三千單字則千餘數遺珠未多宜珍宜藏

己亥八月既望 老鴻識于長安

正始三體石經·春秋篇殘石（之三）

三国·魏正始二年（241）

今拓

《正始三體石經·春秋篇殘石（之三）》，今存三體書10行，行1～5組。趙熊題記："形如禾變一生三，典則當年競逸驂；人禍天殃誰勝甚，情歸殘石作何堪。一九二二年河南洛陽出土，文刻《春秋》。"

正始三體石經殘石

形如禾變一生三典則當年髡逸
騁人禍天殃誰勝甚情歸殘
石作何堪 舊題三體石經
己亥桂月秋雨聲中
老濤悠然

一九二二年河南洛陽出土文刻春秋 濤又記

後記

2022年，西北師範大學建校120周年之際，居延堂熊雙平先生特向西北師大美術學院捐贈漢魏瓦當、磚銘、石刻文物及拓本120件，擬建成“居延堂金石拓印碑刻陳列館”，用于書法實訓教學。此外，先生從自己藏品中選取一百餘品漢魏石刻精拓，與仰澍齋張馳先生提供的幾件絲綢之路漢摩崖拓本，促成120品。其中西漢11品，東漢93品，三國・魏6品，取名“漢魏絲綢之路石刻拓本精粹”，結集出版并進行展覽、研討。

熊雙平，甘肅徽縣人，中國書法家協會會員、中國收藏家協會會員、陝西師範大學高研院客座研究員、《絲路藝文》主編。熊先生酷愛秦漢文化，長期專注于絲路文明的研究與傳播，他先後發起組織了敦煌和居延簡牘之旅、秦漢瓦當論壇、瓦當拓片題跋研討、漢代磚瓦硯藝術欣賞、“漢三頌”訪碑等系列學術活動。他常年留心于古代石刻及拓本的收藏，凡碑碣、摩崖、畫像、墓誌、磚文、瓦當等，無所不收，其藏品年代久遠、品類繁多、拓工精良，具有較高的學術價值與文物價值。

漢代石刻被稱爲“中國石刻的原點”。程章燦先生認爲：“從書寫形式來看，這些石刻更爲我們瞭解漢代文字、書法、文體以及文章，提供了生動的原始資料。從其叙述内容來看，這些石刻文本涉及漢代的政治、經濟、教育、宗教、文學、藝術以及社會風俗等方面，也可以説，是以極爲豐富的歷史内涵、諸多明確的時空坐標，構築了一座獨具特色的漢代文化博物館。”

關于熊雙平所藏漢魏拓本在絲綢之路研究上的學術價值，王子今先生在序言中已經論及。在此，另將其藏品的文物與藝術價值略作補充。其西漢《群臣上醻刻石》爲淡墨本，“羣”字“羊”部横畫微連，“石”字上横左半未泐，字迹清朗，古韻

盎然，約爲清末拓。其西漢《廣陵中殿石題字》，雖爲民國初刻洗後拓本，但所附清阮元《甘泉山獲石記》、翁方綱《〈甘泉山石字〉拓本跋》及詩刻拓本較爲珍貴。其《祝其卿墳壇刻石》《上谷府卿墳壇刻石》藏本，醇古清潤，字口分明，與北京圖書館藏本大致相仿，約爲清代中晚期所拓。其《石墻村刻石》拓本，可識銘文約60字，較《漢碑全集》多釋20字，當拓于清咸豐前後。其東漢《祀三公山碑》藏本，碑首“元”字可見下腳筆跡，三行末“奠”字不連石花，五行“處幽”之“處”字左下連石花，六行末“熹”字不損。此與初拓本，僅一處不同，則藏本約拓于清嘉慶前後。其《陽嘉殘石》藏本，背面鈐“山左堂”“信古齋記”二朱文印。此拓或從北京琉璃廠信古齋流出，當爲光緒初拓無疑。其《裴岑紀功碑》藏本，上邊緣墨色微泛，屬精拓。鈐有“甘肅鎮西撫民直隸廳同知之關防”等印，約拓于清咸豐以後，民國之前。其《景君碑》碑陽拓本，八行“殘”字損“歹”部上横畫，首行“歍”三點已損其二，十五行“規”微損。可斷定其約爲清嘉道間拓本。其熹平石經殘石拓本多達數十種，可另作專題進行研究和展示。

西漢二百年，所遺碑刻甚少，今所見者，皆片石殘磚，少有豐碑。東漢以後，門生故吏爲其府主伐石頌德，遍于郡邑。摩崖大碑，百世宗仰。清王澍云：“隸法至漢爲極，每碑各出一奇，莫有同者。”居延堂藏本不乏書法經典名品，開闊如《石門頌》、勁健如《乙瑛碑》、方峻如《禮器碑》、樸率如《封龍山頌》、嚴整如《衡方碑》、靜穆如《西狹頌》、端莊如《史晨碑》、秀潤如《曹全碑》、古拙如《張遷碑》。真可謂以個人之力，呈漢碑大餐。

感謝仰澍齋張馳先生提供的近年新出《紅岩西漢題刻》《燕然山銘》《劉福功

德頌》《南行唐地界碑》等絲路漢摩崖精拓，使《漢魏絲綢之路石刻拓本精粹》得以錦上添花。

學術顧問王子今、張德芳先生，全程指導本書編纂和拓本展覽工作，子老先生還在百忙中賜序，使得此書學術價值陡增。趙熊、李立榮先生的妙筆題跋，有助于讀者理解碑拓的流傳脈絡和藝術價值。感謝陳根遠、王義二先生在文本編排和校對上付出的辛勤勞動。感謝《中國書法》雜誌社設計總監孫海興先生精心設計拓本頁面。在此真誠地説聲“謝謝！”

關于本書收録漢魏碑刻的命名、拓本年代的判斷可能還存在某些爭議；關于拓本信息的描述和文本校讀方面一定還存在錯誤和不足，敬請各位師長、同道不吝賜教！

《漢魏絲綢之路石刻拓本精粹》編委會

2023 年 11 月

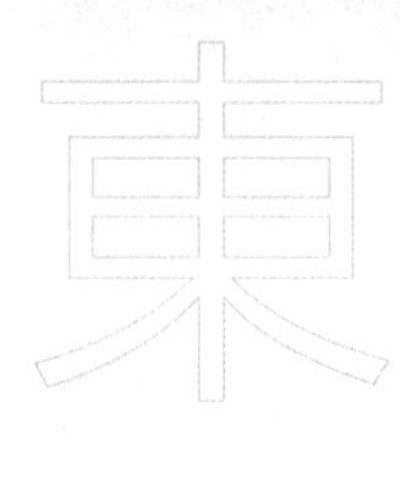